TAKEUCHI Seiichi
竹内整一

魂と無常

春秋社

魂と無常　目次

I 「おのずから」と「みずから」の「あわい」で——魂論の現在まで …… 3

1 死後の魂をどう考えたらいいのか 5
2 魂の感じ方・問い方 9
3 魂はどこへ、どのように 17
4 遊離魂 22
5 死んで離れる魂 28
6 無常・自然と魂 32
7 風と魂 35
8 宮沢賢治「(たましいは) 無限の間には無限の組合せが可能である」 38
9 川端康成「魂という言葉は天地万物を流れる力の一つの形容詞に過ぎない……」 43
10 柳田国男「祖霊は個性を棄てゝ融合して一体になる」 49
11 金子大栄「花びらは散る　花は散らない」 52

Ⅱ 「人間の霊的生命はかくも無意義のものではない」——西田幾多郎の哲学の理由(わけ) …… 59

1 「生きるかなしみ」 61
2 愚痴と人情 67
3 「人間の霊的生命はかくも無意義のものではない」 71
4 「かなしみ」の含意 76
5 「一(ひとつ)のスピリット」と無常 88

Ⅲ 「余は必ず些(いささ)かの嘘なき大往生の形を示さん」——国木田独歩の臨終祈祷拒否 …… 99

1 「余は祈ること能はず」 101
2 未決の「霊性問題」 110
3 「シンセリティ」ということ 118
4 「ふびんなる魂」「哀れむ可き霊」 121

Ⅳ「私か、私も多分祈れまい」…… 129
——正宗白鳥の臨終帰依
1 「私か、私も多分祈れまい」 131
2 「つまらない」という思想・無思想の感受性 136
3 「霊魂の行衛（ゆくえ）」を恐れる 143
4 「アーメン」への最後の逡巡 151
5 「凡人」の境位 155

Ⅴ「死は前よりしも来（きた）らず、かねて後（うしろ）に迫れり」…… 167
——『徒然草』の無常理解
1 「死は前よりしも来らず、かねて後に迫れり」 169
2 「つれづれ」ということ 176
3 「たしなむ」ということ 182
4 「万事に換（か）へずしては、一の大事成るべからず」 186

5 『徒然草』における魂・霊 197
註記 202
参考文献 224
あとがき 229

魂と無常

I 「おのずから」と「みずから」の「あわい」で

――魂論の現在まで

1　死後の魂をどう考えたらいいのか

統計数理研究所で五年ごとに行われている「日本人の国民性」調査がある。(1) そこに、「あの世を信じるか」という項目があり、それがこのような数字になっている。

「あの世を信じるか」	1958年	2008年	2013年
あの世を信じる	20%	38%	40%
あの世を信じない	59%	33%	33%
どちらともきめかねる	12%	23%	19%

一九五八年では「あの世を信じる」は二〇%であり、「信じない」が五九%であった。それが、二〇〇八年・二〇一三年では、「信じる」が、三八%・四〇%、「信じない」が三三%になっている。半世紀前と比べると、「信じる」が倍増し、「信じない」がほぼ半分になっている。また、二〇一三年調査でとりわけ目立ってきているのは、二〇代の若者のう

ち「信じる」が四九％になっているということで、二人に一人があの世を信じているということである。

「あの世を信じる」ということと「魂がある」ということは同じことではないが、「あの世を信じる」と言うときに、あの世に行くものがある。それを仮に魂と言えば、「あの世を信じる」と「魂を信じる」は、ほぼ重なってくるだろう。

こうした数字をどう読むかであるが、たとえば、作家の古井由吉が、こういうことを言っている。

魂というものを信じている人間は、どれだけの割り合いで存在するのだろうか、とたずねられて、もはや少数と答えるのはおそらく、先進近代社会に幾代かにわたって暮らす人間たちの、偏見あるいは錯覚なのだろう。魂を信じ後世を恐れる人間のほうが、全世界を見渡せば多数派である、と見るのが穏当なところだと思われる。

（古井由吉『始まりの言葉』[2]）

「魂を信じる」「後世を恐れる」というのは多数派である。それを「もはや少数」という

のは、「先進近代社会の幾代かにわたって暮らす人間の偏見ないし錯覚なのだろう」、と。(3)

たとえば、一九五八年調査の、「あの世を信じる」人が二〇％というのは、戦後日本の、高度成長の始まる、先進近代社会の一時現象にすぎない、そっちこそが例外的に少なかっただけで、これまでずっと、また、現代においても、「魂を信じ後世を恐れる人間のほうが多数派であると見るのが穏当なところだ」と言うべきなのかもしれない。

古井の指摘ではないが、「魂を信じる」というのは、わずかばかりの、あるいは通俗的な意味ででも一定の科学的・合理的な見方に慣れてしまっているわれわれには（すくなくとも私には）簡単に信じられないようにもなっているし、信じないことが知的で、より真実に近いというような思い込みがどこかにあるように思う。

この点について、心理学者の河合隼雄は、こう述べている。

たましいがあるというのは、あらゆる明確な区分を前提とする考えに、待ったをかけることである。……近代はものごとを割り切って考えることによって、随分と生活の便利さを獲得するようになった。しかし、その分だけ「関係の喪失」に悩まなければならなくなった。あらゆるところで、人間関係の希薄化を嘆く声がきこてくる。それはすなわち、たましいの喪失である。

（河合隼雄『物語と現実』[4]）

知的でより真実に近いように思うのは、自己と他者、主体と客体、見るものと見られるものなど、あらゆるものに「明確な区分を前提とする考え」や、ものごとを割り切って考えようとしているからなのだろう。そうした近代合理的な考え方には、人が生きる根本に不可欠の「関係」というものが失われ、それがすなわち「たましいの喪失」という事態を招いているというのである。

河合は、日本の古い昔話や神話を考察しながら、われわれは、死後世界や霊魂については知性や理性といったものでは捉えきれず、夢や物語としてしか語りえないものであることを強調している。それはなお、現代のわれわれにおいても同じであって、「あらゆる明確な区分を前提とする」科学的・客観的な知性の限界をふまえないかぎり、「あの世」や霊魂の問題は問いきれないということである。

魂のゆくえを主題的に問うた（このあとくりかえし見ることになる）民俗学者の柳田国男が、盆や正月の習俗や、そこに残されている信仰から、こうした問題を考えようとしたゆえんでもある。

ここでは、古井、河合の考え方にはこれ以上ふみこまないが、近代的・合理的な考え方、それこそが、「偏見あるいは錯覚」なのかもしれないということもふくめて考えていきたいと思う。

2　魂の感じ方・問い方

柳田国男の助手で、女婿でもあった堀一郎は、柳田は霊魂を信じていたし、また、自分（堀）にも、こう言ったと述べている。

実際に柳田は霊魂と、霊力の存在を信じていた。「私は神や霊魂の存在は信じません。しかしそれを信じている多くの人々のいることは事実ですし、その事実は重要なものとして尊重しております」、という筆者の言葉に、柳田はちょっと甘酸っぱい、にがい顔をしたが、「だって君は、亡くなったおとっつぁんに、毎朝煙草をあげているというじゃないか。一体君は亡くなった人の何に向って煙草をあげているのかね」、と私の痛いところをついてきた。「それは父親が好きだったし、子供のときから祖母や母にやらされて、まあ一種の習慣です」、と逃げたが、「いや、それが霊魂の存在を認めている証拠だよ。日本人の霊魂観というのはヨーロッパの宗教学者のいうような理屈じゃない」[5]。

（堀一郎「柳田国男と宗教史学」）

ここで言う「霊魂の存在を認めている証拠」もまた、河合言うところの「関係」の表現にあたるものであろう。私自身も、ときおり、仏壇の亡父母に簡単なお供え物をあげ、手を合わせているが、その相手は、死者である父母の〝魂〟と呼ぶ以外の何ものでもないように思う。

小林秀雄は、魂の実在性（リアリティ）について、自分は母親が亡くなったとき、蛍になって飛んでいたのをはっきりと見た、それは直接のリアルな体験で事実なのだが、現代人はそういう当たり前のことを当たり前とは受けとれなくなってしまったと言っている[6]。

あるいは、もうすこし一般化して、こうも言っている。

例えば、諸君は、死んだおばあさんをなつかしく思い出すことがあるでしょう。その時、諸君の心に、おばあさんの魂は何処からか、諸君のところにやって来るのではないか。それが昔の人がしかと体験していた事です。それは生活の苦労と同じくらい彼等には平凡なことで、又同じように、真実なことだった。それが信じられなければ、柳田さんの学問はなかったのです。

（小林秀雄「信ずることと知ること」[7]）

「柳田さん」とは柳田国男のことであるが、昔の人がしかと体験していた、こうした事実や経験がそれとして受け入れられなければ、柳田民俗学は成立しなかったというのである。「信ずることと知ること」では、さらに柳田の『妖怪談義』[8]から、こういう話も引いている。

——最近はオバケの話もできなくなってしまった。それは聞き手の態度が悪くなってきたからで、その「最も通例の受返事は、一応にやりと笑つてから、全体オバケといふものは有るもので御座りませうか」といったような対応の仕方しかできない人が多くなってきたからだ。

小林は、柳田とともに、そうした態度は、「現代人のとっている曖昧な態度と言うよりも不真面目な態度」であり、本来もっとも大切な「生活上の具体的な経験を見ぬふりをする」ことだと批判するのである。

そして、「妖怪談義」の最後の文章、「オバケが無いにも有るにもそんな事は実はもう問題では無い。我々はオバケはどうでも居ると思つた人が、昔は大いに有り、今でも少しはある理由が、判（わか）らないで困つて居るだけである」を引いて、かならずしも近代的・合理的ではない日常の具体的生活の実在（リアル）な経験や事実とは何か、という問題を論じている。

近代合理の理とは質が違うが、魂ということでは、仏教の理との間にも見方・捉え方の違いが目立つ。曹洞宗の僧侶で、恐山の菩提寺の院代でもある南直哉は、こう言っている。

> 霊魂があるかないか、ではない。イタコが厳然と存在し、亡くなったお父さん、お母さん、あるいは早世した息子や娘にまつわる、行き場のない揺らめきうごめく感情のリアリティが満ちている。恐山は、感情や感性の揺らぎを、揺らいだままに受け入れてくれる場所だ。
>
> （南直哉『賭ける仏教』[9]）

曹洞宗、禅の僧侶として南は、「霊魂が存在するという根拠は何もない。自分もその立場をとらない」と言明している。しかし、霊魂の問題を考えるとき、古今東西の人間がこれだけこだわってきたのは事実で、それはなぜか、は考える必要があるとして、こうした恐山のお寺でお坊さんをやりながら、そこに登って来る人に、魂の有無の問題を超えて対応しているというのである。(10)

死や死後の問題については、むろん仏教だけがあつかっているわけではないが、葬式仏教という言い方がなされるように、とりわけ仏教が一手に引き受けているというところがある。が、しかし、その仏教が説く魂論はけっして明解ではない。

もともと仏教では、あらゆるものは寄せ集まりで、変わりゆくという「無常」「無我」という教えが基本になっている。とはいえ、このことに関してさまざまな議論のあることも事実で、軽々に断ずることはできないが、ごく一般的にも、我自体、変わらない私そのものなどというものは、まさに錯覚・無明だと説いているのであって、仏教と魂というのは、もともと相性がわるいところがある。釈迦自身が、「無記」という、死後の世界をはじめ形而上学的な問題には答えなかったという立場をとったということもある。

さらによく言われることであるが、日本では、「ほとけ（仏）」という言葉がそもそもあいまいである。仏とは、「悟ったもの」という意味である。だから、本来、「ほとけ（仏）」になる、成仏というのは、「悟ったもの」になるという意味のはずである。が、日本の場合には、死ぬこと自体を、成仏したとか、往生した、お陀仏(だぶつ)になった、と言うことがある。あるいは、死者、死体のことを「ほとけ（仏）」とも言うし、また、祖霊、祖先の霊もまた、「ほとけ（仏）」と呼ぶこともある。[11]

つまり、日本では、このあたりは、はっきりとした使い分けがないままに、「ほとけ（仏）」という言葉を使ってきており、たとえば、「御霊前」とか「御仏前」の違いなどもふくめて、なかなか仏教からきちんとした説明がされていないところがある。具体的な例でもうひとつ。たとえば、お盆という、おおぜいの日本人が行う、ごく身近な行事の説明にしても、いささか混乱している。

A　陰暦七月一五日を中心に行われる祖霊供養の法会。……盂蘭盆(うらぼん)はサンスクリット avalambana の転訛した ullambana の音写とされ、倒懸(さかさづり)の意で、《盂蘭盆経》によると、目連が餓鬼道に落ちた母の倒懸の苦しみを救おうとして、釈迦の教えに従って祭儀を設けて三宝に供養したことが起源であると説かれてきた。（『世界大百科事典』）[12]

B　七月一五日を中心に祖先の冥福(めいふく)を祈る仏事。江戸時代からは十三日から十六日にかけて行われ、ふつう、迎え火をたいて死者の霊を迎え、精霊棚（しょうりょうだな）を作って供物をそなえ、僧による棚経（たなきょう）をあげ、墓参りなどをし、送り火をたいて、霊を送る。現在は、地方により陰暦で行う所と、一月遅れの八月一五日前後に行う所とがある。

（『大辞泉』[13]）

お寺さんからもらうパンフレットなどに書かれている解説の多くは、Aのような説明に基づいている。倒懸にされた母親が餓鬼道に落ちている、だからそれを供養する……というのが（盂蘭）盆の始まりなのだ、と。しかし同時に、Bのように、死者や祖先の霊を迎え、そして供養してまた送るのが、お盆だとも説明されている。よく引かれる、柳田などが力をこめて説いている、以下のような死生観である。

私がこの本の中で力を入れて説きたいと思ふ一つの点は、日本人の死後の観念、即ち霊は永久にこの国土のうちに留（とど）まつて、さう遠方へは行つてしまはないといふ信仰が、恐らくは世の始めから、少なくとも今日まで、可なり根強くまだ持ち続けられて居るといふことである。

（柳田国男『先祖の話』[14]）

「霊は永久にこの国土のうちに留まつて、さう遠方へは行つてしまはないといふ信仰」は、柳田も言うように、またあとでも見るように、日本人には、古くから見られるが、まとまった思想としては、江戸時代の平田派国学あたりにおいて整理されてきたものである。

――人間というのは、父・母から肉体を提供されるが、神から御霊を賜った存在である、だから死ねば、その肉体は朽ちるが、その霊は残り、幽冥界（幽世）にて神となる。

平田篤胤が説く神学である。幽冥界とは、「あの世」であるが、それは仏教の説く彼岸ではない。「この世」としての顕明界（現世）と重なってある世界であるが、こちらからはあちらは見えない、あちらからこちらは見える。そうした二重重ねの世界に霊は行く、と篤胤は説いている[15]。

宮崎駿の描くジブリ・アニメの世界、たとえば『千と千尋の神隠し』などにおいては、人が一本通りを間違うと、回転ドアのようにひょいと異次元のところに入り込んでしまうといったような世界が描かれている。死者は、そうした世界にいるのだ、と。草場の陰とか、山の上や野や森あたりとか……。

3　魂はどこへ、どのように

このように、お盆には、一方ではお寺さんの説き方があり、一方では民俗的伝統の言うような説き方がある。矛盾、混乱しているといえば、矛盾、混乱しているのであるが、柳田は、そうしたこともふまえ、それが、日本人の霊魂観のひとつの特長だと、そのままを受け入れようとしている。仏教との違いについて（盂蘭盆経の説き方そのものについてではないが）、こう述べている。

> 盆の場合でも同じことだが、一方に念仏供養の功徳によつて、必ず極楽に行くといふことを請け合つて置きながら、なほ毎年々々この世に戻つて来て、棚経を読んでもらはぬと浮かばれぬやうに、思はせようとしたのは自信の無いことだつた。その矛盾を心付かぬほどの日本人ではなかつた筈であるが、これには大昔このかたの我々独自の考え方がまだ消えずにあって、……二つ（極楽信仰と祖霊信仰――引用者註）を突き合はせてどちらが本当かといふやうな論争は終に起こらずに、ただ何となくそこを曙染のやうにぼ

かしていた。……暗々裡（あんあんり）に国民の生活活動の上に働いて、歴史を今あるやうに作り上げた力は、相応に大きなものを見なければならない。

（柳田国男『先祖の話』）

極楽に行くことと、祖霊として「この世」と往復できるようなところにいることと、その両者が矛盾することは承知しながら、それらを「突き合はせてどちらが本当かといふやうな論争は終に起こらずに、ただ何となくそこを曙染のやうにぼかしていた」というのである。そして結果として、その両方が残りながら、暗々裡にわれわれの生活活動のうえに働いて、「歴史を今あるやうに作り上げた」のであるから、その力は「相応に大きなもの」と評価しなければならない、とも。

これまでに見てきたように、また、これからも見ていくように、日本人の考える魂のゆくえ、ありようは、相当に多様に入り組んでいる。試みに列挙してみると、ザッと、以下のようなところが挙げられる。

幽世（かくりよ）、草場の陰、野・森・山、海、黄泉（よみ）の国、冥土（めいど）、浄土、六道（りくどう）（地獄・餓鬼・畜生・修羅（しゅら）・人間・天）輪廻（りんね）、墓（お骨）、仏壇（位牌）、神社、天国、空、残された生者の心の中、……

まず、魂は、死んでから、われわれの「この世」と二重重ねの幽世に行く。それは、場所としては、草場の陰とか、野とか森とか山とか海とか、あるいは、「この世」とはすこし離れた黄泉の国とか冥土といった暗い地下なり山中といったようなイメージで語られてきた。

また、仏教、とりわけ浄土教的な考えでいえば、十万億土離れた浄土へ往生するとか、六道（地獄・餓鬼・畜生・修羅・人間・天）輪廻といった迷いの世界を経めぐるとか、あるいは、幽世的な発想や儒教の習わしとも習合して、位牌・仏壇にこもるとか、お墓（お骨）に宿るともされてきた。[16] また、靖国神社など、特定の神社に集まるとか。

また、最近では、（とくにキリスト教的な、という限定もなく）天国とか空に行くとか、あるいは星になるといった発想もごくふつうに聞かれる。

さらには、以上のような場の発想とはすこし異なる、魂は、残された生者の心の中に生きているのだという考え方もしばしば語られる。この点については、ややこみ入った、しかし大事な問題があるので、いささかコメントをしておきたい。

それは、たとえば、こういう問題である。ノンフィクション作家の柳田邦男は、こう述べている。

一人の人間の精神的ないのちというものは、死では終わらない。旅立つことによって純化されたその人の永続的ないのち（それは魂と呼ぶにふさわしい）は、家族や友人たちの心の中で生き続けるのだ。しかも、愛する人の生きた証しを心の中に抱擁した人々は、その永遠のいのちの止むことなき語りかけによって、逆にあたたかい生のエネルギーをもらうという不思議が生じる。

（柳田邦男『「人生の答」の出し方』[17]）

さきに述べた小林秀雄の、「死んだおばあさんをなつかしく思い出すことがあるでしょう。その時、諸君の心に、おばあさんの魂は何処からか、諸君のところにやって来るのではないか」も合わせて、河合隼雄の言う、「関係」においてこそ存在する魂という考え方ということもできる。むろん、その「関係」性は、単なる主観性ではない。

柳田は一方、同じ本のなかで、こうも述べている。

私の胸の中に満ちてきたのは、空とは絶対的な虚無ではなく、現世に生きる者の目には見えない純化された精神（それこそ魂と呼ぶべきもの）が棲む空間のことではないか、という思いだった。天国とも極楽とも違う。暗黒の宇宙空間とも違う。強いて言うなら、自然界の風景の中にとけこんでいる存在とでも言おうか。　（同）

ここでは、魂は、「現世に生きる者の目には見えない純化された精神」として、「色即是空　空即是色」の「空」ともいうべき空間に棲んでいるもの、（強いて言うなら）「自然界の風景の中にとけこんでいる存在」とされている。

これは、さきの「家族や友人たちの心の中で生き続ける」という言い方とは、相当異なる位相で語られているが、しかしなお、こうした二つが重ねて受けとめられるところにこそ、魂論のリアリティがあるというべきであろう（この問題は、あとでも考える）。

つまり、どこに魂があるか、以上を見わたしただけでも、それぞれかなり違うこととして語られている。これらはたがいの考え方が矛盾していることは事実であるが、それもまた、ついにわれわれには、こと死後の問題は、つまりは不可知なのであることの表れでもあり、そのあたりを、「曙染のようにぼかして」きたことは、それ自体、長い歴史の大きな知恵でもある。

あらためて確認しておくと、問題は、死後、死者の魂が実際にどうなるか、そのこと自体の議論ではない。どこに行ったかは不可知であるとしても、死者はリアルにいるのであり、その死者の魂なるものに人々がどう対応してきたか、その対応の仕方、ふるまい方の積み重ねだけがわかっている大事な事実だということである。また、そこからしか考えようがないということでもあるだろう。

4 遊離魂

以上のようなもろもろの宗教や思想・慣習のあれこれの考え方があることを念頭におきながら、あらためて、日本人の魂観を、なるべく一般的な事例から見ていくことにしよう。まずは、「たましい（魂）」という言葉の辞書的な意味について整理しておきたい。

魂・霊（たましい）

①動物の肉体に宿って心のはたらきをつかさどると考えられるもの。古来多く肉体を離

れても存在するとした。霊魂。精霊。たま。
②精神。気力。思慮分別。才略。
③素質。天分。……

（『広辞苑』[18]）

魂は、基本的には、「①動物の肉体に宿って心のはたらきをつかさどると考えられるもの」で、「古来多く肉体を離れても存在する」と受けとめられてきた。自分の思いどおりになる体や心（意識）をも超えて、それらを「つかさどる」という、より深いところでその人をその人たらしめる大事な働きをしているものということである。

「魂が抜ける」とか「魂を売る」とは、それがなくなるとその人でなくなるような大切な何ものかを意味しているし、「魂を入れ替える」とは、精神や心を入れ替えるという以上に、より根底から何ものかを入れ替えるということで、その何ものかのことを魂と言ってきたということである。

こうした、それなしではそのものがありえないくらい大事なものとして、「刀は武士の魂」という言い方や、「やまと魂」とか「記者魂」とかの形で、そのもののもつ固有性や属性を表す用法も古くから使われてきている。

そして、そのような意味から、「②精神。気力。思慮分別。才略」、「③素質。天分」といった用法が派生している。そのもの固有の威力・エネルギーや働き、また、才能を表す意味で、「魂を込める」とか「三つ子の魂百まで」などと使われる。

こうした辞書的な整理をふまえながら、以下、具体例に即して見ていこう。

まず、魂について欠かすことのできない大事なポイントは、それが「肉体に宿って心のはたらきをつかさどると考えられるもの」であると同時に「古来多く肉体を離れても存在するとした」というところであろう。「肉体に宿って心のはたらきをつかさどる」ということと、「肉体を離れる」ということとは、かならずしも整合的に捉えきれないところがあるからである。

「肉体を離れても存在するとした」ということから順に見ておこう。肉体を離れてしまう魂は、遊離魂と呼ばれている。それは、たとえば、こういうあり方のことである。

①恋しきにわびて魂迷ひなば空しき殻（から）の名にや残らん　（『古今和歌集』(19)）

②思ひあまり出でにし魂のあるならむ夜ぶかく見えば魂結（たまむす）びせよ　（『伊勢物語』(20)）

③物思へば沢の蛍（ほたる）もわが身よりあくがれいづるたまかともみる　（『後拾遺和歌集』(21)）

①「恋しきにわびて魂迷ひなば」とは、あまりに恋しくてつらくて、魂が迷いでてしまったならば、ということである。②「思ひあまり出でにし」も同じである。それはあるいは、③蛍などになってさまよい出てしまうものでもあった。「あくがる」とは、「本来いるはずの場所からふらふらと離れる（離る）。さまよい出る」の意である（『岩波古語辞典』[22]）。

このように、自分の心や意識のレベルではもう統制の効かない、どうしても出て行ってしまう魂が遊離魂であるが、それはたとえば、今の恋の場合のように、愛おしくて、どうにもコントロールできず、あくがれ、遊離してしまう何ものかとしての魂である。

むろん一方では、「肉体に宿って心のはたらきをつかさどる」ことにおいて、より十全なその人らしいあり方として、「魂ある」「魂の座った」といったあり方がある。

①魂あれば、さりともとは思へどもいかにせんとすらんな。（『栄花物語』[23]）

②二郎義時といふ人は、心もたけく魂まされるは、……（『増鏡』[24]）

①「魂あれば……」とは、魂がしっかりとあるならば、いくら何でもこのままでなく何

とかするだろう、ということである。また、②「魂まされる」とは、「魂胆がすわっている」ということで、その人がその人らしく、堂々ときちんとある様を指している。同様に、「魂おはす」、「魂深し」、「魂太し」とも言われる。さきに見た辞書の「②精神。気力。思慮分別。才略」、「③素質。天分」の用法は、そこから派生している。

つまり、魂という言葉は、その人をその人らしくあらしめる、いわば個人格をつかさどる働きをもつものとしてあるというあり方と、どうにもならずにそこから遊離してしまうというあり方とが、二つながらに語られてきているということである。

これら二つのあり方は、当面矛盾するようであるが、むろん、異なる働きによるわけではない。魂が、意識の表層レベルではなく、根底からその人をその人たらしめる肝心な威力ある何ものかの働きであるからこそ、ときにあるいは、表面的な取り繕いを超えて当人にもどうにもならずにさまよい出てしまうということであろう。激しい恋やあこがれなどにおいてはよくあることである。

吉田松陰は、魂を大事な言葉として使った思想家の一人であるが、彼の言う魂とは、たとえば、こう語られるようなものであった。

かくすればかくなるものと知りながら已むに已まれぬ大和魂（吉田松陰[25]）

——このようなことをすればこのようなようになると知りながら、どうしてもそうせざるを得なかった、それが大和魂というものだ。

泉岳寺で四十七士を歌ったものである。松陰もまた、このあと四十七士と同じように、「已むに已まれぬ」思いで決起し、捕らわれて切腹して死んでいくのであるが、そうした「已むに已まれぬ」という、内からこみあげてくるもの、それが魂の働きなのだということである。

つまり、魂とは、その人をその人たらしめるもっとも大事な何ものかであると同時に、それは、当人をすら超えでて働く、あるいは、超えでたところから働いてくる何ものかでもあったということである。松陰はそうしたあり方を「誠」と言っている。誠とは、自己の内から出て来るものでありながら、自己を超えた何ものかから急き立てられてくるものでもあろう[26]。

5　死んで離れる魂

このように、恋や誠だけでなく、たとえば、『源氏物語』で、六条御息所（ろくじょうのみやすどころ）は、屈辱・嫉妬から、「みずから」も気づかないうちに、生霊（いきりょう）となって葵上に取り憑いてしまうが、これもまた、魂が肉体を離れてさまよい出る一例である。

しかし、こうした、恋や誠、あこがれ、嫉妬など思いあまって出て行ってしまう場合とならんで、というより、より一般的に魂が肉体を離れてしまうのは、死という、これまた「みずから」にもどうにもならない、やむをえない事態においてである。

折口信夫は、一般的に、このように、肉体から遊離するものとして魂を受けとめる受けとめ方について、かつては「確か過ぎるほど我々の祖先には持たれてゐた」考え方だとして、こうまとめて述べている。

人間のたましひは、いつでも、外からやつて来て肉体に宿ると考へてゐた。そして、その宿つた瞬間から、そのたましひの持つだけの威力も、宿られた人が持つ事になる。又、これが、その身体から遊離し去ると、それに伴ふ威力も落してしまふ事になる。さう言ふ考へは、確か過ぎるほど我々の祖先には持たれてゐたのである。

（折口信夫「原始信仰」[27]）

いわゆる「魂振り」「魂鎮め」の儀式も、こうした魂の威力・生命力、また遊離性に基づいて営まれてきたものである。つまり、魂が肉体から離れないように「魂鎮め」が行われ、魂を揺り動かすことで威力・生命力を衰えさせないように「魂振り」の儀式が行われてきたということである。折口は、「しぬ」ということについて、「古代の日本人には、今我々が考へてゐる様な死の観念はなかつた」として、こう述べている。

しぬといふ言葉はあつても、それが我々の考へてゐるしぬではなかつた。語から言うても、勢いのなくなる事をあらはしたもので、副詞のしぬに萎をあてたりしてゐるのも、さうした考へがあつたからである。

（同、傍線原文）

「しぬ」とは、魂が威力・勢いを失った状態で、ゆえに、そこに「萎れる」「萎える」の

「萎」を当てられていたというのである。死者を葬るのに、殯（もがり）という、一定の期間猶与の儀式を設けたのも、こうした受けとめ方があったからである。（なお、その際には、殯前半の、生命力蘇生のための「魂振り」、後半の、邪霊化を防ぐための「魂鎮め」という、さきのものとは違う用法も用いられていた）。

火葬であれ、野辺送りであれ、いずれにしても、魂が肉体から離れ去ることにおいて、最終的に「死」が認定されていたのであるが、死んで離れた魂は、どこへ行くのかといえば、およそ、近所の野辺や山、海浜などの雲や霞になって（あるいは、まぎれて）漂っているものと考えられていた。

①昨日こそ君はありしか思わぬに浜松が上の雲にたなびく　（『万葉集』[28]）
②佐保山にたなびく霞見る毎（ごと）に妹を思ひて泣かぬ日はなし　（同）
③隠口（こもりく）の泊瀬（はつせ）の山の山の際（ま）にいさよふ雲は妹（いも）にかあらむ　（同）

——①昨日は生きていたのに、思いがけなくも今日は火葬されて、松原の上の雲としてかかっていることだ。②佐保山にかかっている霞を見るたびごとに、いとしい人を思い出して泣かぬ日はない。③我が愛する妻は、泊瀬の山の際にいさよふ雲になっているのではないだろうか。

中世終わりごろから近世にかけて、各家それぞれにも墓地や仏壇などが普及してくると、魂は、それらを基点に去来したり、定住したりするものとも考えられてくる。つまり、家や地方共同体との結びつきをもった祖先神としての様相を呈してくるのであるが、しかし、その際にもなお、最終的な枠組みとしては、天地・自然の働きのなかでのものと考えられていた。

さきに見た柳田の魂論『先祖の話』でも、かつては「人のあまり行かない山の奥や野の末に、ただ送って置いてくればよかつた」葬(はふ)りも、やがて墓や仏壇などもでき、共同体的な営みになってきた(29)が、しかしそれでも最後は、魂は、けがれや悲しみから清まり、高い山や空、海といった「一続きの広い通路」を「自由に去来」するものになるとまとめられている。

この点についてては、あとでも検討するとして、以下、さらに、天地・自然との関わりに注目して見ていこう。

6　無常・自然と魂

①かりそめにしばし浮かべる魂のみなあわとのみ譬(たと)へられける　（『赤人集』[30]）

②置く露を我が魂としらねばやはかなき世をも厭(いと)はざるらん　（『堀河百首』[31]）

③いつまでも形に宿る魂の離れぬほどをありと頼まん　（『夫木和歌抄(ふぼくわかしょう)』[32]）

①では、魂が「かりそめにしばし浮かべる」ものとして、水の「あわ」に譬えられている。②では、魂とは「置く露」のようなものだと知らないから、この「はかなき世」を厭わないでいるのだろうか、と歌っている。肉体のみならず、魂そのものが泡や露のごときものとして、その無常性が感じ取られていることに注意しておこう。あるいは、③は、いつまで「形」（肉体）に宿」っているのか、魂が離れない間だけ、生きているとは頼みにならないものだ、と詠じている。

魂の無常性の認識は、しかし、単なる「はかなさ」の感得ではない。自然から来たものがまた自然へと帰ることが、人の生き死にであるという、こうした魂の捉え方は、また、次のような捉え方ともまったく別のことではない。

①天地(あめつち)の間に隔てなき魂をしばらく体のつつみをるなり　（『志濃夫廼舎歌集(しのぶのやかしゅう)』[33]）

②体(から)という宅(いへ)をはなるれば天地と我の間に垣一重なし　（同）

①は、人が生きるというのは、「天地の間に隔てなき魂（天地と隔てなく存在している魂）」を、しばらく肉体が「つつみをる」状態なのだ、ということである。②は、したがって、肉体という「つつみをる」限定を離れれば、天地と我の間に「垣一重な」いことになるのだ、というのである。

「しばらく体のつつみをる」状態において、魂は「たま（玉）」として、ある種の凝固への傾向をもち、それが「みずから」の働きの核を形成するが、死という事態において、また天地・自然との「隔てなき」あり方に戻っていくものとして捉えられていることがわかる。それぞれの個別の体に留まっているときばかりではなく、そこから来たものがそこに戻る、「そこ」でのあり方をもふくめて魂なのである。つまり、「天地の間に隔てなき魂」である。

「魂」という漢字もまた、そうしたことを傍証している。

魂

「云（ウン）」と「鬼（キ）」を合わせた会意文字。「云」は「雲」のもとの形で「雲気（雲。また雲状のもの）の形」。「鬼」は死んだ人の霊で霊界にあるもののこと。人のたましいは、死後に雲気となり、霊界に入る。

（白川静『常用字解』[34]）

「魂」は、「云」と「鬼」を合わせた会意文字で、「人のたましいは、死後に雲気となり、霊界に入る」とされている。ちなみに、「霊」という漢字も「あめかんむり」で、もと雨に関わる巫（みこ）を表す字である。

以上、簡単にまとめておくと、魂とは、それぞれの人やものに宿り、そのものとして肝心で固有な素質や威力を現し、またときには、そのものをすら超えて働きだしたりする何ものかであり、また死ぬという事態においては、そこから去って、もと来たところへと帰っていく何ものかとして受けとめられていたということである。

私はここしばらく、日本人の考え方や感じ方を、「おのずから」と「みずから」の「あわい」（両者が働き合うという「合はふ」の名詞形）という枠組みで考えてきているが、その言い方でいえば、魂とは「みずから」を「みずから」たらしめうる、ある種の凝固への傾向をもっているが、それは同時に、根本的には、「おのずから」の大いなる働きの現れでもある。つまり、魂は、「おのずから」と「みずから」の「あわい」での働きであって、動的な二重性をはらんでいる。

7　風と魂

ちなみに、世界の、魂・霊魂を表す言葉には、以下のような含意の共通性がある。

スピリット spirit　微風、呼吸、生命、魂、精神
アニマ anima　微風、大気、息吹、生命、魂
プシュケー psyche　息、呼吸、生命、心、魂
プネウマ pneuma　気息、風、空気、大いなるものの息

いのち　イは息、チは勢力、ゆえに「いのち」とは、眼に見えない根源の力としての「息の勢い」（『岩波古語辞典』）

ギリシア語、ラテン語由来の西欧語のそれぞれに、このように、「息吹」「風」「大気」といった共通性があるのであって、人間の考え方に、かなりの普遍性があることを示している。ついでながら、『旧約聖書』創世記で、塵で固めたものに神様が息吹を吹き入れることで「生きるものとなった」、「人間となった」という表現もある。

ここでは、以上のことを確認するにとどめ、日本語に戻って考えると、「たましい」という言葉そのものではないが、「いのち」という言葉も、イは息、チは勢力であり、「眼に見えない根源の力」としての「息の勢い」が「いのち」と考えられている。また、そもそも、「かぜ」というやまと言葉は、こう説明される言葉である。

かぜ
《古形カザ（風）の転》空気の流動。奈良朝以前には、風は生命のもとと考えられ、風にあたると受胎すると思われていた。転じて、風が吹くと恋人が訪れて来るという俗信があった。また、明日香・初瀬など、それぞれの山々に風神がいて風を吹かすものとされていた。

（『岩波古語辞典』）

風は「生命のもと」と考えられ、神さまが吹かすものとも考えられていたということである。「いのち」や「たましい」のもとともなるような根源の働きの象徴としての「かぜ」である。

それは「花鳥風月」というときの風でもあり、微風・薫風とか、風景・風物とか、風格・風習とか、風雅・風味とか、軽く三〇〇を超える漢字熟語で使われている風でもある。それらはむろん単なる気象上の現象にとどまらない、日本人の生きる基本、根本のところに微妙に、しかし深く関わるものとして感じられていたものでもある。

魂とは、こうした風から来て、そしてその人や生き物の息吹となるが、やがてまた風としてこの宇宙・自然へと戻っていく、そうしたものとしてあるということもできるということである。

8　宮沢賢治「(たましいは) 無限の間には無限の組合せが可能である」

このように見てきただけでもわかるように、魂へのアプローチは相当多岐にわたるが、ここでは、以上に見てきた魂を、その人固有の「みずから」性と、天地・自然の「おのずから」性との関わりに着目して、もう少しわれわれに近いところで具体的に見ておこう。

宮沢賢治は、風に特別な意味を認めていた。『風の又三郎』は、風の神の子ではないかという少年が主人公の童話であるし、「大循環の風」[35](『注文の多い料理店』)、「そらや愛やりんごや風　すべての勢力のたのしい根源」(「青森挽歌」)、「しめつたにほひのいい風や/雲のひかりから恢復しなければならない」(「オホーツク挽歌」) といったような言葉が散見される賢治において、風は、ある根源的な働きの現れの象徴であった。

その賢治が、最愛の妹トシを失い、彼女の魂をどこまでも追いかけて行こうと、青森、北海道、オホーツクへの挽歌行(ばんかこう)を行い、そのゆくえを「かんがえだ[36]」そうと一連の挽歌群を書いている。

その旅や歌のなかで徐々に明らかになってきたのは、この宇宙のあらゆるものは連なっているのだから、その連なりから切り離さず、そのなかにトシの魂を置きなおして受けとめようということであった。

チモシイの穂がこんなにみじかくなって／かわるがわる風にふかれている
（それは青いいろのピアノの鍵で／かわるがわる風に押されている）……
海がこんなに青いのに／わたくしがまだとし子のことを考えていると
なぜおまえはそんなにひとりばかりの妹を
悼んでいるかと遠いひとびとの表情が言い／またわたくしのなかでいう
（Casual observer! Superficial traveler!）
（宮沢賢治「オホーツク挽歌」）

チモシイは「かわるがわる風にふかれている」し、「海がこんなに青い」のに、「なぜおまえはそんなにひとりばかりの妹を／悼んでいるか」と言い、みずからを、「Casual observer（いい加減な旅人）Superficial traveler（表面的な観察者）」と断じている。チモシイをゆらす風にトシを感じ取ろうとしたのである。(37)

『銀河鉄道の夜』の前提稿となったともいわれる「薤露青（かいろせい）」では、こうも言っている。

……水よわたくしの胸いっぱいの／やり場所のないかなしさを
はるかなマヂェランの星雲へとどけてくれ
そこには赤いいさり火がゆらぎ／蝎（さそり）がうす雲の上を這（は）う
……たえず企画したえずかなしみ／たえず窮乏をつづけながら
　どこまでもながれて行くもの……

　　……

……ああ　いとしくおもうものが
　そのままどこへ行ってしまったかわからないことが
　なんといういいことだろう……

（宮沢賢治「薤露青」）

「わたくしの胸いっぱいの／やり場所のないかなしさ」が、最後、「ああ　いとしくおもうものが／そのままどこへ行ってしまったかわからないことが／なんといういいことだろう」とすら言われている。

しかし、その言い方は、むろん、「いとしくおもうもの」への「いとしさ」そのものがなくなってしまったということではない。「いいこと」というのは、あくまでもそれが「そのままどこへ行ってしまったかわからないこと」にはらまれてくる、宇宙全体への連なり・広がりのなかに、その「いとしくおもうもの」を置き直すことだと賢治は考えようとしたということであろう。この箇所には、次のような異稿がある。

……ああ　いとしくおもうものが

そのままどこへ行ってしまったかわからないことから

ほんとうのさいわいはひとびとにくる……

こちらでは、よりはっきり、「ほんとうのさいわい」は、「いとしくおもうものが／そのままどこへ行ってしまったかわからないこと」による、と言われている。必死になってそう考えながら、賢治は、『銀河鉄道の夜』の、よく知られた、以下のような言葉を語ることができたのである。

「ああ、そうだ。みんながそう考える。けれどもいっしょに行けない。そしてみんながカムパネルラだ。おまえがあうどんなひとでもみんな何べんもおまえといっしょに苹果(りんご)をたべたり汽車に乗ったりしたのだ。だからやっぱりおまえはさっき考えたようにあらゆるひとのいちばんの幸福をさがし、みんなといっしょに早くそこに行くがいい、そこでばかりおまえはほんとうにカムパネルラといつまでもいっしょに行けるのだ。」

（宮沢賢治『銀河鉄道の夜』）

どんなに願おうとも、個別のトシ（カムパネルラ）と「いっしょに行く」ことはできない。しかし「あらゆるひとのいちばんの幸福をさがしみんなといっしょに早くそこに行く」ことができたならば、「そこでばかりおまえはほんとうにいつまでもいっしょに行けるのだ」、と。

遺作「ビジテリアン大祭」では、こういう「たましい」論を展開している。

一つのたましいはある時は人を感ずる。ある時は畜生、則ち我等が呼ぶ所の動物中に生れる。ある時は天上にも生れる。その間にはいろいろの他のたましいと近づいたり離れたりする。則ち友人や恋人や兄弟や親子やである。それらが互にはなれ又生を隔てては もうお互に見知らない。無限の間には無限の組合せが可能である。だから我々のまわり の生物はみな永い間の親子兄弟である。異教の諸氏はこの考をあまり真剣で恐ろしいと思うだろう。恐ろしいまでこの世界は真剣な世界なのだ。

（宮沢賢治「ビジテリアン大祭」）

「ひとりばかり」の個的存在としてのトシの「一つのたましい」と、「いろいろの他のたましい」とは、「無限の間には無限の組合せが可能である」と、それを宇宙全体に連なったものへとつなげて捉えようとしたのである。河合の言う「関係」性としての魂のあり方でもある。

9　川端康成「魂という言葉は天地万物を流れる力の一つの形容詞に過ぎない……」

川端康成が、「魂という言葉は天地万物を流れる力の一つの形容詞に過ぎないのではありますまいか」ということを言っている。じつは、私が魂について考えようと思ったのは、この一文がきっかけであり、これをどう理解するかということが始まりであった。
これは「抒情歌」という昭和七年に書かれた初期の代表作での言葉である。[38]
作品は、「死人にものいいかけるとは、なんという悲しい人間の習わしでありましょう」と書き始められ、それに続けて、「けれども、人間は死後の世界にまで、生前の人間の姿で生きていなければならないということは、もっと悲しい人間の習わしと、私には思われてなりません」と、死んだ恋人のゆくえについて、以下のように思い描いてみせる。

……こうして死人のあなたにものいいかけるにしても、あの世でもやはりこの世のあなたのお姿をしていらっしゃるあなたに向かってよりも、私の目の前の早咲きの蕾を持つ紅梅に、あなたが生まれかわっていらっしゃるというおとぎばなしをこしらえ、その床の間の紅梅に向かってのほうが、どんなにかうれしいかもしれません。

（川端康成「抒情歌」）

そしてそれは、「それほどまでに今もやはりあなたを愛して」いるからだ、とも言う。
つまり、そうした思いは、世を変えてでもつながっていたいということの否定ではなく、

「あまりに人間臭い愛欲の悲しみの果て」での、なお「どこにいらっしゃるか知れない死人のあなたのところへ通ってゆ」きたいという「おとぎばなし（抒情歌）」での希求だということである。

そうした「おとぎばなし」を求める主人公には、「昔の聖者たち」や「近頃の心霊学者」に対する、以下のような批判がある。

……人間の霊魂のことを考えました人達は、たいてい人間の魂ばかりを尊んで、ほかの動物や植物をさげすんでおります。人間は何千年もかかって、人間と自然界の万物とをいろいろな意味で区別しようとするほうへばかり、盲滅法（めくらめっぽう）に歩いて来たのであります。そのひとりよがりのむなしい歩みが、今となって人間の魂をこんなに寂しくしたのではありませんでしょうか。

（川端康成「抒情歌」）

「魂という言葉は天地万物を流れる力の一つの形容詞に過ぎないのではありますまいか」は、この直後に出ている。さきにも見たように、柳田は、人は死ぬと、その魂は家族からあまり遠くない空間に居て家族を見守り、年に一度、お盆の日に家族の仏壇にもどってくるのだとしていた。が、そこで柳田が同時に強調しているのは、その魂は一定の年月を経ると、個人としての固有性は失われ、「融合一体」したものとして祀られるようになるということであった（後述）。

川端もまた、どうしても忘れられないかけがえのない死者への思いを、天地万物の大きな流れのなかに置きなおして受けとめようとしていたのである。そうしなければ、われわれの魂は「寂しく」なってしまうのだというのである。

「抒情歌」の主人公は、最後に、あらためて、こう述べている。

その歌（抒情歌——引用者註）に教えられまして、私は禽獣（きんじゅう）草木のうちにあなたを見つけ、私を見つけ、まただんだんと天地万物をおおらかに愛する心をとりもどしたのでありました。……私はそんなにまであなたを愛しておりました。

「そんなにまで愛して」いた相手だからこそ、それを天地万物から切り離すのではなく、天地万物の流れのなかに置き直すことによって、「おおらかに愛する心をとりもどした」ということである。「一つの形容詞に過ぎない」という言い方も、魂をこれこれだと名づけられる名詞のようなもの、変わらない実体のようなものにしてしまうのではなく、大きな流れのなかの一つの力の形容にすぎないと了解しようとしたものであろう。

違うところで川端は、こういう言い方もしている。

物質の輪廻転生と云う言葉は少々可笑（おか）しいが、その言葉のうちに含まれている、流動、融通、不滅なぞの気持だ。物質は流れる。私の小指の先の一細胞は全宇宙に向って流れていると云ったって、そんなにでたらめではないのだ。（川端康成「空に動く灯」）(39)

個人の死から人間を救い出すには、個人と他の個人、一人の人間と外界の万物との境界線を曖昧（あいまい）に暈（ぼか）すことが一番いいらしい。それなら種族の死から人間を救うには、人間種と他種族、人間と猿、人間と鶯（うぐいす）、人間と蝶、更に進んで人間と無生物、人間と水のような液体、人間と空気のような気体との境界線を曖昧に暈すことが一番いいのであろうか。（川端康成「永生不滅」）

いずれも、個人を自然・宇宙から切り離すのではなく、その大きな「流動、融通、不滅」のなかにつなぎ直そうとしている。「私の小指の先の一細胞は全宇宙に向って流れている」、「個人の死から人間を救い出すには、個人と他の個人、一人の人間と外界の万物との境界線を曖昧に暈すことが一番いいらしい」、と。

つまり、私という存在、個人というあり方は、それ自体かけがえのない大事なものでありながら、それはこの自然・宇宙のなかの一つの存在、と言うにも足りない、一つの形容詞のごとき、ふと今のそのありようが過ぎれば消えてしまうものでもある、しかしそれは、そうしたあり方として、どこまでもこの天地万物、全宇宙とつながったものとしてあるというのである。[40]

川端は、親友の作家の横光利一の弔辞で、こう述べている。

……また今日、文学の真中の柱ともいうべき君を、この国の天寒く年暮るる波濤のなかに仆す我等の傷手は大きいが、ただもう知友の愛の集まりを柩とした君の霊に、雨過ぎて洗える如き山の姿を祈って、僕の弔辞とするほかはないであろうか。

横光君

僕は日本の山河を魂として君の後を生きてゆく。幸い君の遺族に後の憂えはない。

昭和二十三年一月三日　　　　　川端康成

「君」という大事な、かけがえのないものを失って、自分は「雨過ぎて洗える如き山の姿を祈って」、「日本の山河を魂として」、君の後を生きて行こうというのである。「君」自身という魂と日本の山河という魂とが重ねられ、つながったものとして捉えられている。

10　柳田国男「祖霊は個性を棄て丶融合して一体になる」

以上の文脈で、あらためて、柳田国男の魂論を確認しておこう。

人が亡くなつて通例は三十三年、稀(まれ)には四十九年五十年の忌辰(きしん)に、とぶらひ上げ又は問ひきりと称して最終の法事を営む。其日(その)を以て人は先祖になるといふのである。……つまりは一定の年月が過ぎると、祖霊は個性を棄て丶融合して一体になるものと認められて居たのである。

（柳田国男『先祖の話』）

人は死んだら、しばらく魂はそう遠くないところにいて、毎年毎年、盆や正月に戻って来るが、やがて、三十三年、五十年経つと、それは、その「個性を棄て、融合して一体になるものと認められて居た」というのである。

それなのに、仏教などは、戒名などをつけて、「何れにしても祖先の個性といふべきものを、いつまでも持続して」いこうとすることによって、むしろ魂をさびしく孤独にさせるものであると、きびしく批判している。

死者は、肉体を離れ、しばしの間は、とくに残された人々との「いたむ」「とむらう」「供養」という関わりのなかで、確乎とした輪郭をもったリアリティーをもって受けとめられているが、それも一定期間をすぎると、その個性を失なっていくということである。「人は二度死ぬ」と言われる。肉体的に死ぬときと、それからその人を「とむらい」「いたむ」人がいなくなったときである。そうした仕方で、その魂の個性は消えていくとも考えることもできる。三十三年ないし五十年というのは、その人の死を「いたみ」「とむらう」人もまた死んでしまう、そういう年月に当たる。

その意味では、かけがえのない個性とは、そうした「関係」性（河合隼雄）においてのみ証されるということもできるだろう。これもまた、賢治や川端の受けとめ方と、そう違わない受けとめ方であろう(41)。

もう一例、高村光太郎の考え方を発言だけ引いておこう。死んだ智恵子の受けとめ方の変化について、光太郎はこう述べている。

……智恵子が死んでしまった当座の空虚感はそれ故殆ど無の世界に等しかった。作りたいものは山ほどあっても作る気になれなかった。見てくれる熱愛の眼が此世にもう絶えて無い事を知っているからである。そういう幾箇月の苦闘の後、或る偶然の事から満月の夜に、智恵子はその個的存在を失う事によって却って私にとっては普遍的存在となったのである事を痛感し、それ以来智恵子の息吹を常に身近かに感ずる事が出来、言わば彼女は私と偕にある者となり、私にとっての永遠なるものであるという実感の方が強くなった。私はそうして平静と心の健康とを取り戻し、仕事の張合がもう一度出て来た。一日の仕事を終って製作を眺める時「どうだろう」といって後ろをふりむけば智恵子はきっと其処に居る。彼女は何処にでも居るのである。

（高村光太郎「智恵子の半生(42)」）

11 金子大栄「花びらは散る　花は散らない」

さて、ここで、浄土真宗の思想家・金子大栄の「花びらは散る　花は散らない」という考え方にふれておこう。このことについては、すでにこれまでも何度かふれてきたが、ここでの「散らない花」とは、いうまでもなく魂のことである（ふつう浄土真宗では、魂という言葉を用いないが、金子は用いる）ので、魂論として、あらためてまとめて考えておきたい。

花びらは散つても花は散らない。形は滅びても人は死なぬ。永遠は現在の深みにありて未来にかゞやき、常住は生死の彼岸にありて生死を照らす光となる。その永遠の光を感ずるものはたゞ念仏である。

（金子大栄『歎異抄領解』[43]）

「花びらは散っても花は散らない。形は滅びても人は死なぬ」という「散らない花」とは、金子が揮毫などでよく用いた「空即是色というは即ちこれ南無阿弥陀仏」という言い方をふまえれば、形としての「花びら」は散っても（色即是空）、念仏において「散らない花」ということが感得され、証される（空即是色）ということである。「色即是色」ではない。存在した花びら（最初の「色」）は、その状態のままのものとしてあるのではなく、「空」を介してのみ、あらためて鮮やかな花（あとの「色」）となるということである[44]。

まず、そのことを確認したうえで、さらに注目すべきことは、この文章の前に置かれた次のような言い方である。

……思ひ出に還り来る祖先はみな仏となりてわれらを安慰せらるゝ。さればわれらもまた仏となりて後の世の心に現はれよう。和やかなる光となり、忍びやかに窓に入り、涼しき風ともなりて声もなく室を訪れるのである。その時には形もなく名もなければ、煩はすこともなくして自在に有縁を慰め、知らるゝことなくして、無碍にその人を護ることができよう。想ふだにも快きことである。（同）

「思ひ出に還り来る祖先はみな仏となりてわれらを安慰せらるゝ」とは、浄土教言うところの還相(げんそう)ということである。つまり、「散らない花」とは、浄土世界から戻って来て働くものでもあり、それゆえ、「和やかな光」になったり、あるいは「涼しい風」になったりして、無碍に自在に訪れてくるものでもある。(45)

つまり、くりかえし確認しておくと、「散らない花」とは、その人の体が滅びても残る何ものかとしての魂のことであるが、それは、その人のかけがえのない個別性でありながら、同時に、その個別性の奥底にある広大な阿弥陀の「大いなる命」として働いてくるということである。(46) 阿弥陀、アミタ amita とは「無量なる（命）」という意味であって、それと一体になって働き、訪れ、護ってくれるものになるということである。(47)

金子は、一つの魂が阿弥陀の「大いなる命」に連なって働くということを、以下のような魂論として述べている。

……それから遠きにある親しき人々や、近くこの世を去れる知人が、一時に思い出されるのであります。ここで「思い出される」というような言葉は、やむをえず用いましたが、実は適当ではありません。なにかしらん寂しい自分の魂の中に、それらの人々の魂に会うような気がするのであります。魂と魂が声も出さずにたがいに語りあうのであります。その想念の領域はやがて十方三世にひろがって、遠き祖先の心にも会い、生きとし生けるものの内部のささやきをも聞くのであります。（金子大栄「人生のゆくえ」[48]）

「思い出す」でも「思い出される」というのでもない。「魂と魂」の「出会い」や「語りあい」として、やがてその「想念の領域」は「十方三世」に広がり、やがて「生きとし生けるものの内部のささやきをも聞く」というところにまで展開していくものとして語られている。

若松英輔『魂にふれる』[49]では、「魂にふれる」という経験が、「ふれる」生者の側からの経験だけではなくして、死者から生者に「ふれ」てくる共振経験として語られていた。「死者の経験とは、「見る」経験ではない。むしろ、「見られる」経験である。死者は、「呼びかける」対象である以上に、「呼びかけ」を行なう主体なのである」（同）。

浄土に往生し、また戻ってくるというのは、「空」という仏教真理の、浄土教的な、いわば神話的解釈でもあるが、より一般的に日本人の「無」や「無常」という考え方と結びつけるなら、哲学者の磯部忠正の次のような言い方が参考になる。

いつのまにか日本人は、人間をも含めて動いている自然のいのちのリズムとでも言うべき流れに身をまかせる、一種の「こつ」を心得るようになった。己れの力や意志をも包んで、すべて興るのも亡びるのも、生きるのも死ぬのも、この大きなリズムの一節であるという、無常観を基礎とした諦念である。（磯部忠正『「無常」の構造――幽の世界』[50]）

ある大きな枠組みとしての「自然のいのちのリズムともいうべき流れ」のようなものがこの宇宙には働いている。――それはたとえば、風や川の流れや、月の満ち欠けや季節の移り変わりといったような、生き物の根源に働く「おのずから」の働きであるが、われわれ「みずから」の「いのち」や、その力や意志をもふくめて、われわれの生き死には、すべてこの「大きなリズムの一節」であるというように受けとめる諦念があるというのである。

すでに他のところで詳論しているので、指摘だけにとどめるが、「大きなリズムの一節」とは、志賀直哉のよく知られた「大河の一滴」[51]や、次章で見る国木田独歩の「皆なこれこの生を天の一方地の一角に享けて悠々たる行路を辿り、相携えて無窮の天に帰る者ではないか」（「忘れえぬ人々」Ⅱ章八三頁）の「一角」、さらにいえば、伝統的な「一隅」という考え方にもつながる。[52]

磯部は、「自然のいのちのリズム」が働いている世界を「幽の世界」とし、われわれ「みずから」が営む現実の世界を「顕の世界」としている。むろん、念頭には国学や柳田国男らの考え方があり、「幽の世界」は「顕の世界」と別々にあるのではなく、二重重ねに存在し、われわれの生の根底をなしていると言っている。「大きな自然の生命(いのち)のリズムと、これに感応する人のこころとの出会いをたった一つの根源として、これを幽の世界に生かして、顕の世界への通路を見出していこうとするのが日本人の生き方の原型」だというのである。と。いうまでもなく、魂とは、「幽の世界に生かして、顕の世界への通路を見出していこうとする」ものの謂いである。

最後に、あらためて、まとめて確認しておこう。

魂とは、まずは、それぞれの「一節」(「一隅」「一滴」)の「一」としての、唯一無二、一回かぎりの存在や働きを意味しているが、同時に、それを根源においてそう存在せしめ、働かしめる(が、一方で、それを壊し、滅ぼさせもする)ような大きな何ものかの存在や働きをも意味している。

「魂という言葉は天地万物を流れる力の一つの形容詞に過ぎないのではありますまいか」という言葉は、魂とは、天地のうえに現れ出でた何らかの意味で「一つ」のあり方ではあるが、同時に、それをそう現出せしめながら、なおついには、けっして「一つ」の実体（名詞）たらしめない、大いなる「天地万物を流れる力」そのもののあり方のことでもあるということである。唯一無二、一回かぎりの個と、大いなる力との矛盾と統一。そこにこそ、魂のかけがえのなさと溌剌とした輝きとを感じ取ることができる。

「おのずから」と「みずから」という言い方でいえば、魂とは、人に宿ってその人をその人たらしめている「みずから」のあり方のことであるが、それと同時に、それをそう有らしめ、また無からしめもする「おのずから」のあり方のことでもある。その意味で、魂とは、「おのずから」と「みずから」の「あわい」として働く何ものかということもできるであろう。

II

「人間の霊的生命はかくも無意義のものではない」

——西田幾多郎の哲学の理由(わけ)

1 「生きるかなしみ」

すこし前に、『「かなしみ」の哲学』[1]という本を書いた。日本人の精神史を「かなしみ」という思想感情・倫理感情を軸に考えてみたものである。この本を書こうと思ったきっかけの一つは、自分も聞いて育ち、子どもたちにも聞かせて育てた童謡が、ふと、あれ、なんでこんなにかなしいんだろう、と思ったことであった。

たとえば、野口雨情（うじょう）はそんな童謡を多く作った代表的な作詞家である。「しゃぼん玉」、「雨降りお月さん」、あるいは、「赤い靴」、「あの町この町」、「青い目の人形」といった、どの作品でもそうであるが、そこには、生きる寄る辺なさ、取りかえしのつかなさ、はぐれてしまったという故郷喪失感などが、深いやるせない「かなしみ」とともに歌われている。

たとえば、「雨降りお月さん」という曲。

雨降りお月さん　雲の蔭（かげ）／お嫁にゆくときゃ　誰とゆく

一人で傘（からかさ）　さしてゆく／傘ないときゃ　誰とゆく
シャラシャラ　シャンシャン　鈴つけた
お馬にゆられて　濡（ぬ）れてゆく
（「雨降りお月さん」）

これが結婚式の歌である。結婚式の何をどう受けとめ、どう感じとれと、歌っているのだろうか。

あるいは、雨情でなくとも、たとえば、サトウハチローの「ひな祭り」の歌。題名自体は「うれしいひな祭り」であり、中味も「……今日はたのしいひな祭り」などと歌われているが、ちょっと歌ってみればすぐわかるが、きわめてかなしげなメロディ・調子の歌である。

さらにいえば、「おどま盆ぎり　盆ぎり／盆から先ゃ　おらんど」（「五木（いつき）の子守歌」）といった子守歌にしても、また、「貴様と俺とは同期の桜　同じ兵学校の庭に咲く」（西条八十（やそ）「同期の桜」）といった軍歌にしても、これまた何ともいえない「かなしみ」の短調につつまれて歌われている。

なぜ、無邪気に楽しむ子どもたちの歌が、また安らかに寝かしつけるべき子守歌が、あるいは、勇敢さを鼓舞すべき軍歌が、こうした「かなしみ」において歌われてきたのか、という問題がそこにはある。それは、近代日本という舞台に特有な時代思潮をふくめ、広く深く日本の思想、心情のあり方の問題として考えられるべきもののように思う。

脚本家の山田太一は、こう述べている。

そして私は、いま多くの日本人が何より目を向けるべきは人間の「生きるかなしさ」であると思っている。人間のはかなさ、無力を知ることだという気がしている。

……私たちは少し、この世界にも他人にも自分にも期待しすぎていないだろうか？　本当は人間の出来ることなどたかが知れているのであり、衆知を集めてもたいしたことはなく、ましてや一個人の出来ることなど、なにほどのことがあるだろう。相当のことをなし遂げたつもりでも、そのはかなさに気づくのに、それほどの歳月は要さない。そのように人間は、かなしい存在なのであり、せめてそのことを忘れずにいたいと思う。

（山田太一『生きるかなしみ』[2]）

人の生きることが否応なく持っている「かなしみ」という問題が主題的に考えられるべ

きだというのである。『かなしみの哲学』でもすこしふれたが、西田幾多郎の、いわゆる西田哲学もまた、その根底にあって、その思想を推し進めたのは、こうした、人の生きることが否応なく持っている「かなしみ」、悲哀という感情であった。この点は、すでに何人かの先学の指摘しているところである。

　哲学の動機は「驚き」ではなくして深い人生の悲哀でなければならない。

（西田幾多郎「場所の自己限定としての意識作用」[3]）

「哲学の動機は「驚き」ではなくして深い人生の悲哀でなければならない」とは、あとでもすこしふれる（また、次章で独立しても論じる）国木田独歩の場合においても意味深長であるが[4]、それはともあれ、ギリシアの昔から、もともと、哲学のもっとも基本的な動機・理由は「驚き」が一般的であった。西田は、そこに悲哀を置いたのであるが、悲哀の感情は、哲学の正統なテーマではなかった。

　古代ギリシアでは、多くの場合、悲しみは、否定的に語られる。ソクラテスが自分の死に妻のクサンティッペを立ち会わせなかったのは、彼女が悲しみの声を上げるからであった。それは、周囲の静寂を破り、人の心をかき乱す。かき乱され、ロゴス（理）の制御を失えば、心は心として正しく振舞えなくなる……。（『現代倫理学事典』[5]）

こうした考え方は、基本的に、西洋近代哲学にも引き継がれているが、しかし、西洋近代哲学も深く学んだ西田においては、悲哀とは、そうした「人の心をかき乱す」あり方であるがゆえにこそ、哲学の問題たりえるものであった。

西田哲学においては、悲哀とは、とりわけ、死と生、――死なざるをえないものとして生きる人間の「自己矛盾」した存在のあり方に必然的にともなうものとして考えられていた。死の二ヶ月前に書かれた「場所的論理と宗教的世界観」というよく知られた文章のなかでも、こう確認されている。

人生の悲哀、その自己矛盾ということは、古来言いふるされた常套語である。しかし多くの人は深くこの事実を見つめていない。どこまでもこの事実を見つめて行く時、我々に宗教の問題というものが起こって来なければならないのである（哲学の問題というものも実はここから起こるのである)。

(西田幾多郎「場所的論理と宗教的世界観」[6])

「宗教の問題というもの」、あるいは「哲学の問題というもの」は、「人生の悲哀、その自己矛盾」という、この深い「事実」をどこまでも見つめていくところに起こってくるというのである。西田哲学という思想の営みもまた、まさにそうしたものとして創出されてきたということである。

このように、くりかえしはっきりと言明しているのであるが、しかし西田には、悲哀、「かなしみ」についてのまとまった論考はない。そこで、ここでは、みずからの痛切な「かなしみ」の体験を綴った「『国文学史講話』の序」(『思索と体験』[7])を取りあげて考えてみたいと思う。

数えで六歳のかわいいい盛りの娘を失うという体験を書いたもので、あまりに有名な文章であるが、このテーマではとりわけ大事な文章であるので、以上のような視点からあらためて丁寧に読み直してみたい。

2　愚痴と人情

「『国文学史講話』の序」は、同じように、娘を失うという境遇にあった友人の国文学者・藤岡作太郎に宛てたスタイルで書かれている。

西田が次女・幽子(ゆうこ)を病気で亡くしたのは明治四〇年の一月である。同年三月の末に、所用にて上京し、一週間ほど、藤岡の家に逗留している。が、つきない話を続けながら、娘を亡くしたこと自体は、「遂に一言も亡児の事に及ばなかった」と書いている。その話をしなかったのは、「互にその事を忘れていたのではない、また堪え難き悲哀を更に思い起して、苦悶を新にするに忍びなかったのでもない」。

> 誠というものは言語に表し得べきものでない、言語に表し得べきものは凡(すべ)て浅薄である、虚偽である、至誠は相見て相言う能(あたわ)ざる所に存するのである。我らの相対して相言う能ざりし所に、言語はおろか、涙にも現すことのできない深き同情の流が心の底から底へと通うていたのである。（西田幾多郎「『国文学史講話』の序」、以下断りのない場合、同）

そのことは、帰り際に渡された藤岡の亡児の終焉記を読むことによって、さらに深く確認されることになる。「人心の誠はかくまでも同じきものかとつくづく感じた。……同じ盤上に、同じ球を、同じ方向に突けば、同一の行路をたどるごとくに、余の心は君の心の如くに動いたのである」。

容易に言評しえない、しかし、誠、至誠の「深き同情」とは「かくまでも同じきものかとつくづく感じた」という「かなしみ」のありようであった。「かくまでも同じきもの」という大事な確認についてはあとでもふれるが、ともあれ、その「かなしみ」は、諦めたり、忘れたりすることで超えられる質のものではなかった。

人は死んだ者はいかにいっても還らぬから、諦めよ、忘れよという、しかしこれが親にとっては堪え難き苦痛である。時はすべての傷を癒すというのは自然の恵であって、一方より見れば大切なことかも知らぬが、一方より見れば人間の不人情である。何とかして忘れたくない、何か記念を残してやりたい、せめて我が一生だけは思い出してやりたいというのが親の誠である。……折にふれ物に感じて思い出すのが、せめてもの慰藉である、死者に対しての心づくしである。この悲しみは苦痛といえば誠に苦痛であろう、しかし親はこの苦痛の去ることを欲せぬのである。

その「悲しみ」は、いかに苦痛であっても、「親はこの苦痛の去ることを欲せぬのである」。「折にふれ物に感じて思い出すのが、せめてもの慰藉」なのであり、それは「悲しみ」を消去することではなく、「悲しみ」続けてやること以外にはない。

西田は、ここで、娘の死を、文字通り「いたん」でいる。「いたむ」とは、もともと、何らかの原因で自分の体や心が「痛む（傷む）」ことである。この場合は、死に接して、それが自分に「いたく」感じられ、それを嘆き悲しむということである。漢字「悼」は、「心と卓（ぬけでる意）とから成り、気がぬけ落ちたような悲しみの意を表わす」（『新字源』[8]）ものである。

つまり、「いたむ（悼む）」とは、まずは自分が何らかの損傷において「いたい」と感ずることが基本であるが、この言葉は、むろんそれだけではとどまらない。「いたい」は、やがて「いたましい（いたわしい）」というところへ広がる。もともと自分自身の心身の痛さを意味していたものが、やがて、自分の心身が痛むほどに、相手の痛みをも感じることを意味するようになったものである。そして、さらにはそこから、相手を「いたましく

（いたわしく）」思って大切にする・気遣うという「いたわる」という言葉が派生してくる。

ここで、「思い出してやりたい」というのは、その「思い出し」の「いたみ」のなかで、死者をその人自身として受けとめてやることである。それがいかに「苦痛」であろうと、そうした生者の「いたみ（いたましさ・いたわり）」を介してしか、死者はその存在をこちら側に現すことはできないからである。[9]

こうした「いたみ」は、しかし、愚痴（ぐち）のようにも見える。

> 親の愛はまことに愚痴である、冷静に外より見たならば、たわいない愚痴と思われるであろう、しかし余は今度この人間の愚痴というものの中に、人情の味のあることを悟った。……しかし人間の仕事は人情ということを離れて外に目的があるのではない、学問も事業も究竟（くっきょう）の目的は人情のためにするのである。しかして人情といえば、たとい小なりとはいえ、親が子を思うより痛切なるものはなかろう。

愚痴とは、もと仏教語で、「物事を正しく認識したり判断したりできないこと。愚かであること。また、そのさま」を表す言葉で、日常語としては「言ってもしかたがないことを言って嘆くこと」である（『大辞林』）。

ここで西田は、むしろ、そうした「人間の愚痴というものの中に、人情の味のあることを悟った」というのであり、また、「人間の仕事は人情ということを離れて外に目的があるのではない、学問も事業も究竟の目的は人情のためにするのである」とさえ言っているのである。

さきほども確認したように、それらは、単に、「ロゴス（理）の制御」に従うような質のものではなく、まさに「人の心をかき乱す」ような事態である。が、西田は、そうした愚痴や人情をも、それ自体として主題的に考えようとしたのである。それが西田の哲学する理由にそのままつながっていく。

3 「人間の霊的生命はかくも無意義のものではない」

特に深くわが心を動かしたのは、今まで愛らしく話したり、歌ったり、遊んだりしていた者が、忽ち（たちま）消えて壺中（こちゅう）の白骨となるというのは、いかなる訳（わけ）であろうか。もし人生はこれまでのものであるというならば、人生ほどつまらぬものはない、ここには深き意味がなくてはならぬ、人間の霊的生命はかくも無意義のものではない。死の問題を解決するというのが人生の一大事である、死の事実の前には生は泡沫の如くである、死の問題を解決し得て、始めて真に生の意義を悟ることができる。

今まで愛らしく話したり、歌ったり、遊んだりしていた娘が亡くなって焼かれて白骨になってしまった。が、西田は、人生とはこんなものだ、とは、けっしてやりすごさない。親としては、むろん、思想・哲学としても。

「もし人生はこれまでのものであるというならば、人生ほどつまらぬものはない」。この「つまらぬ」という言い方は、大事な含蓄をもっている言葉である(Ⅳ章で扱う正宗白鳥は、生涯「つまらない」と言い続けた作家であり、その「つまらなさ」如何が、彼の思想・文学の帰趨を揺るがせ、決している)。

西田の「つまらなさ」については、あとでもすこしふれるが、まずはここでの、「人生はこれまでのもの」でない、「つまらぬ」ものでない、とはどう考えられるのだろうか。

この文章が、「今まで愛らしく話したり、歌ったり、遊んだりしていた者が、忽ち消えて壺中の白骨となるというのは、いかなる訳であろうか」という文章と、「ここには深き意味がなくてはならぬ」という文章に挟まれていることが示唆的である。

つまり、人生が「つまらぬものでない」とは、かわいい娘が亡くなって、消えて白骨になってしまったのは「いかなる訳（わけ）」なのかを考えるということ、あるいは、そこにどうしてもなくてはならない「深き意味」を考えるということにおいてのみ、そう感じ取られてくるということであろう。

そして、その「いかなる訳（わけ）」「深き意味」を考えるということが、とりもなおさず、その後の西田哲学といわれたものの中核をなしていく（この章の副題、「西田幾多郎の哲学の理由（わけ）」の「理由」にあえて「わけ」というやまと言葉のルビを附したのは、そうした意味合いを込めている）。

「わけ」という言葉は、もともとは、「分け」の意で、事を分けて明らかにした、物事の筋道のことであるが、以下のような多義性をもっている。

わけ

①なぜそういう状態になったかという理由。その事柄が成立する根拠。②そういう結果に至ったいきさつ。事の次第。③言葉の意味。内容。④物事の道理。条理。常識。⑤あ

る事の結果として、当然そうなるはずであること。また、あらかじめそうなるように仕組んだこと。（『大辞林』）

たとえば、「わけがわかる」「わけがある」「わけがない」「わけはない」「わけにはいかない」「わけもない」「わけが違う」等々、語例をあげるだけでも、漢字「理由」にはない、さまざまなニュアンスをもった言葉であることがわかる。単なる理由・根拠だけではない、まさに、見てきたところの「心をかき乱す」、愚痴、人情、苦痛といったものをふくめての含意が、この「わけ」という言葉にはあるということである。

また、「ここには深き意味がなくてはならぬ」の「意味」も、本来は、「言語・文章に表わされた人の考えと味わいの二つの合わさったもの」（『新字源』）という言葉である。意味の意は思いであり、味は味わいである。単なるミーニングではない、知的・理的な理屈にはおさまらない、ある事柄に込められた内容・意図・理由・目的・気持などの広く深い奥行きをもった言葉である。

西田は、この「ここには深き意味がなくてはならぬ」という言葉に続けて、こう述べている。

人間の霊的生命はかくも無意義のものではない。死の問題を解決するというのが人生の一大事である、死の問題を解決し得て、始めて真に生の意義を悟ることができる。

以上のような「わけ」や「意味」を考えるということは、つまりは、「人間の霊的生命」といったことを考えることだというのである。そしてそのことによって、否応なく死なざるをえない人間の生というものをその死の問題から見つめなおし、そこに、「真に生の意義を悟ることができる」のだ、と。

それは、見てきたように、愚痴や人情をふくめての「わけ」「意味」を考えることであるが、むろん、かといって、それは個人の主観的な感傷や感慨にとどまるものではない。こうした、わが子を亡くすというような事態は、それ自体、どこまでも取りかえのきかない個人・当事者の深い「かなしみ」「いたみ」でありながら、その切なる思いは、なお、さきにも引いたように、

人心の誠はかくまでも同じきものかとつくづく感じた。……同じ盤上に、同じ球を、同じ方向に突けば、同一の行路をたどるごとく……

という、個人を超えた他の個人、そして、共同・普遍への広さ・深さをもったものと受けとめられている。(10) この文章が、「『国文学史講話』の序」という、一見場違いとも見える公での発言でありえたゆえんでもある。

4 「かなしみ」の含意

死、あるいは、死に先取られたわれわれの生が「かなしい」ものとしてあるというのは、ある意味、ごく一般的、当たり前の事実でもある。西田自身も、「人生の悲哀、その自己矛盾ということは、古来言いふるされた常套語である」とも言っている(前出「場所的論理と宗教的世界観」)。しかし同時に、「多くの人は深くこの事実を見つめていない」、とも。

そこで、ここでしばし西田を離れて、一般的事象として、日本人の死-生の「かなしみ」という問題をざっと見ておきたいと思う。

「かなし」については、それこそ、たとえば、

世の中は空しきものと知る時しいよよますますかなしかりけり　(大伴旅人『万葉集』)

明日知らぬ我が身と思へど暮れぬ間の今日は人こそかなしかりけれ

（紀貫之『古今和歌集』）

といった、万葉・古今のむかしから、

天球にぶらさがりいる人間のつまさきほそいかなしみである

（加藤克巳『万象ゆれて』[11]）

人はみな悲しみの器。頭を垂りて心ただよふ夜の電車に

（岡野弘彦『滄浪歌』[12]）

といった近代・現代にいたるまで、わが国の歌や物語、また能や歌舞伎など、種々の芸能、また思想・宗教においても主題のひとつであり続けてきたものである。

「かなしみ」は、対象喪失の感情とも言われる[13]。大事な対象をなくすことにともなう感情ということであるが、その対象には、自分自身もふくまれる。自分自身の死もふくめて、大切なあれこれを失わざるをえない「かなしみ」は、やがて人間存在それ自体の、いわば存在感情として堆積されてくる。最後の歌の「悲しみの器」とは、そのような人間存在のあり方を捉えたものであろう。

ここで、この「かなし」という言葉を、日本語の歴史にたちもどって概観しておこう。やまと言葉の「かなし」は、大野晋らの『岩波古語辞典』では、「自分の力ではとても及ばないと感じる切なさをいう語。動詞カネと同根であろう。カネ・カナシの関係は、ウレヘ（憂）・ウレハシの類」と説明されている。大野晋の『日本語の年輪』[14]では、もうすこしくわしく、こう説明されている。

「かなし」は、「かね」の、力及ばず、事を果し得ない感じだというところにその起源があるのではあるまいか。前に向って張りつめた切ない気持が、自分の力の限界に至って立ち止まらなければならないとき、力の不足を痛く感じながら何もすることができないでいる状態、それがカナシである。

（大野晋『日本語の年輪』）

要は、「〜しかねる」という自分の有限性・無力性を「痛く感じながら何もすることができないでいる状態、それがカナシ」ということである。『日本国語大辞典』[15]で、この言葉の全体について確認しておこう。

かなし
①死、別離など、人の願いにそむくような事態に直面して心が強くいたむ。なげかわしい。いたましい。②男女、親子などの間での切ない愛情を表わす。身にしみていとおしい。かわいくてたまらない。いとしい。③関心や興味を深くそそられて、感興を催す。心にしみておもしろいと感ずる。しみじみと心を打たれる。……　（『日本国語大辞典』）

①の用法は、今現在、われわれが使っている使い方とまったく同じである。英語の sad, ないし sorrow, grief に当たるもので、わが国でも、万葉の昔からもっとも一般的に使われてきた用法である。

②の用法は、現在では失われた使い方であるが、その底意は現在にもつながっている。たとえば、「父母を見れば尊く妻子見ればかなしくめぐし」（大伴家持『万葉集』）、「ひとつ子にさへありければ、いとかなしうし給ひけり」（『伊勢物語』）の「かなし」は、①のような対象喪失の「かなし」ではなく、「身にしみていとおしい。かわいくてたまらない」という意味である。

そのいとしさ、かわいさは、何をしても足りないほどにいとしく、かわいいということであり、「この子はもう十分かわいがった」というのは「かなし」ではない。どんなにかわいがってもかわいがり切れないほどにかわいいということが、「かなし」なのである。ここにも基本的に、「かね」の、力及ばなさ、届かなさがある。届かないほどの切ないいとしさが「かなし」なのである。

③の用法も、今のわれわれにはあまりなじみのない使い方である。「しみじみと心を打たれる」ぐらいならわかるが、「感興を催す……おもしろい」とまでなると、すこし追いつかない語感であろう。たとえば、「百鳥（ももどり）の来居て鳴く声　春されば聞きのかなしも」（大伴家持『万葉集』）という例。これは寿（ことほ）ぎ歌の一部で、日本の国はいい国だ、いろいろな鳥が来て鳴く。そういう鳥のさえずりを聞くと、「かなし」くなる、という「かなしみ」であり、ある種のおもしろさ、情趣、感興である。

あるいは、同じ家持の「うらうらに照れる春日にひばり上がり心悲しもひとりし思へば」という例。——うららかに照っている春の日に、ひばりが空高く舞い上がって鳴くのを聞いていると、何となく「かなしく」なってくる、ひとりでもの思いをしていると、と。何か具体的な対象をなくしたり、いとしがったりしている「かなし」ではなく、「しみじみと心を打たれる」ということそれ自体であり、ある種の自然感情、宇宙感情ともいうべき「かなし」である。

これがやまと言葉の「かなし」であるが、日本語は、つねに漢字とセットになって使われてきた言葉であるので、漢字（中国語）の悲・哀についても見ておこう。

まず、「悲」とは、「非は、羽が左右に反対に開いたさま。両方に割れる意を含む。悲は「心＋非」で、心が調和統一を失って裂けること。胸が裂けるようなせつない感じのこと」であり、「哀」とは、「衣は、かぶせて隠す意を含む。哀は「口＋衣」で、思いを胸中におさえ、口を隠してむせぶこと」と説明されている（『漢字源』[16]）。

「悲」と「哀」とでは多少ニュアンスが違うが、しかし基本的に、一般的な sad, sorrow の意味で使われている。そして、両漢字とも、もう一点、大事な意味として、いずれも憐れみという意味をふくみもっている。「慈悲」の「悲」の使い方で、これは、やまと言葉の「かなし」にも十分ふくまれている（なぜか、さきの『日本国語大辞典』には挙げられていないが）。

以上を確認したところで、西田にもどるまえに、西田と同時代人の文学者・思想家の「かなしみ」の考え方を見ておきたい。西田が「かなしみ」をその哲学の根本動機としたらである。

ように、これから取りあげる彼らもまた、「かなしみ」をその思想の中核にすえていたか

まず、近代日本を代表する短編作家で、西田の一つ年上の国木田独歩を取りあげてみよう。その文学・思想の基調は、深い「かなしみ」の情に色濃く彩られている。

独歩の代表作の一つに、「忘れえぬ人々(17)」という作品がある。

――これまでの半生で、自分は多くの人々に出会ってきたが、親とか子とか友人とかは除いて、どうしても忘れることができなかった人々がいる、忘れても何の恩義も義理も欠かない人たちだが、忘れることができなかった、そうした何人かの「忘れえぬ人々」について語ってきて、最後にこう書きつけている。

そこで僕は今夜のような晩に独り夜更けて灯に向かっていると、この生の孤立を感じて堪え難いほどの哀情を催して来る。その時僕の主我の角がぼきり折れてしまって、何だか人懐かしくなってくる。色々の古い事や友の上を考えだす。その時油然として僕の心に浮かんでくるのは則ちこれらの人々である。そうでない、これらの人々を見た時の周

囲の光景の裡に立つこれらの人々である。我と他と何の相違があるか、皆なこれこの生を天の一方地の一角に享けて悠々たる行路を辿り、相携えて無窮の天に帰る者ではないか、というような感が心の底から起こってきて我知らず涙が頰をつたうことがある。その時は実に我もなければ他もない、ただ誰も彼も懐かしくって、忍ばれてくる。僕はその時ほど心の平穏を感ずることはない、その時ほど自由を感ずることはない、その時ほど名利競争の俗念消えてすべての物に対する同情の念の深い時はない。

（国木田独歩「忘れえぬ人々」）

ここで「僕」は、「主我の角がぼきり折れてしま」い、その、ある種の挫折において、「堪え難いほどの哀情」におそわれている。しかし、そうでありながら、「その時ほど心の平穏を感ずることはない、その時ほど自由を感ずることはない」とも言っている。

なぜ「かなしみ」におそわれながら、そこで、そうした平穏や自由を感じとることができたのか。独歩はそれを、「かなしみ」、哀感という感情のもっているある働きなのだと考えている。他のところ（『欺かざるの記』）で彼自身の名づけている言い方でいえば、「天地悠々の哀感」、「同情の哀感」という哀感の働きである。

「天地悠々の哀感」とは、今の文章でいえば、「皆なこれこの生を天の一方地の一角に享けて悠々たる行路を辿り、相携えて無窮の天に帰る者ではないか、というような感」である。つまりそれは、われわれはこの大いなる天地のほんの一角に生まれて、そこで生き、また死んで帰っていくというちっぽけな存在にすぎないが、それは無窮の天への悠々たる行路でもあるという哀感であった。そう感取しえたとき、「かなしみ」ながら、そこに、ある種の平穏・安定が感じられてきたということである。

この文章で、「堪え難いほどの哀情を催して」きたときに「油然として僕の心に浮かんでくるのは則ちこれらの人々である」と記したあとに、あえてあらためて、「そうでない、これらの人々を見た時の周囲の光景の裡に立つこれらの人々である」と言い直しているゆえんでもある。

もう一つは、「同情の哀感」である。そうした、ちっぽけな存在として生まれ、そしてまた無窮の天に帰っているのは、自分一人だけではない、「皆な」同じであり、そのことにおいては、「実に我もなければ他もない」、「皆な……相携えて」そうせざるをえないのだという「同情の哀感」である。それは、「ただ誰も彼も懐かしくって、忍ばれてくる」といった「懐かしさ」と入り交じったやさしい感情として感じられている。

いずれにおいても、「かなしみ」という、「〜しかね」ている挫折において、個あるいは孤の輪郭・制限をこえて、他の個や天地自然との、本来あったであろう交流・融和が回復可能になる感情ということである。次章でくわしく見るが、独歩は、こうした「かなしみ」の主体を霊魂と捉えようとしている。

もう一文、独歩の文章を引いておこう。独歩は晩年、事業の失敗にくわえて、結核を発病する。その失意・挫折のうちに書かれた「悪魔」という短編の一節である。

> 君の歌うを聞き、その声の冴えて山彦に響くを聞き、山を見、林を見、仰いで千古の月明に対し、窮りなき大空を望むとき、人情と自然との幽かなれど絶えざる約束を感ぜざるを得ず、これをもって泣くなり。……ああ余が存在の不思議に惑いつつも猶わずかに堪え忍び得るは全くこの哀感の故のみなり。時の羽風耳辺を掠めて飛び、この生の泡沫のごとく、人類の運命の遂に果敢を感じて消魂する時も、わずかにこの哀感の力にて我が心は幽かながらも永遠の命の俤に触れ得るなり。（国木田独歩「悪魔」）

自分の生を泡沫のように感じ、さらには人類の運命すらもはかないものと感じ「消魂」

しているのであるが、しかし、それでも「猶わずかに堪え忍び得」たのは、泣くことができたからなのだ、「哀感」があったからなのだというのである。

泣くことができるのは、あるいは「かなしい」と思えるのは、どこかに「人情と自然との幽かなれど絶えざる約束」のごときものを感じているからなのだと独歩は言う。つまり、「かなしい」と思えるかぎり、その「かなしさ」をとおして、「人情と自然」との、たとえ「幽かなれど絶えざる約束」のごときものが感じ取られるということである。それが「哀感の力」なのである。

独歩最期の詩は、「秋の入日」という、死の二ヶ月前に書かれた詩である。「要するに悉(みな)、逝(ゆ)けるなり！　在らず、在らず、彼らは在らず」と書き出されたこの詩は、死を前にして、どこにつながっていいのかわからないという当て処(ど)のなさを、「かなし、かなし、我が心かなし」と歌っている。

しかしそれが、どこまでも、こうしたおびただしいほどの哀感、「かなしみ」のなかで訴えられているかぎり、独歩自身が言っていたことを適用するならば、それは「猶わずかに堪え忍び得る」ものでもあったはずである。つまり、泣くことのできる「かなしみ」のあるかぎり、それはたとえ、かすかではあれ「人情と自然との絶えざる約束」のごときものをどこかに感じ取っていたということだからである。

独歩と同じ歳で、親交のあった思想家・綱島梁川は、より明確に、悲哀はそれ自体がすでに救いであると、次のように言っている。

……見よ、悲哀を超越する解脱の鍵は世の永劫の初めより窃かに悲哀そのものの中に置かれたるにあらずや。悲哀はそれ自らが一半の救なり。……神はまず悲哀の姿して我らに来たる。悲哀のうち、空ずべからざる一味の権威あり。我らは悲哀を有することにおいて、悲哀そのものを通じて、悲哀以上のあるものを獲来たるなり。……悲哀はそのもの既に一恩寵なり、神人感応の一証果なり。（綱島梁川「心響録」(18)）

もし神や仏というものが存在するならば、それは、まず悲哀の姿をしてわれわれに来るものなのだ、と。それゆえ、悲哀があるということは、それ自体がすでに神と人間とのあるやりとりの現れなのであり、なかば「救い」なのだというのである。

「かなしみ」があるのは、「人情と自然」との何らかの「約束」をどこかで感じているからだという独歩の言い方を、さらに積極的に押し進めた考え方ということができる。みずからの有限性・無力性を感じとる「かなしみ」が、その深い感受をとおして超越的な何ものかにつながるという思考がそこにはある。清沢満之らをふくめての、明治三〇～四〇年代のこうした思索は、確実に西田のそれの先蹤になっているだろう。

5 「一のスピリット」と無常

以上のことを見たうえで、西田の文章にもどろう。

西田は、娘の死について、「ここには深き意味がなくてはならぬ、人間の霊的生命はかくも無意義のものではない」と言っていた。西田は、あまり霊とか魂という言葉を使わないが、ここでの「人間の霊的生命」という言葉は、かなり意識的に使われている。「霊的生命」とは、まずは、人間の生命というもののかけがえのなさを指している。

この文章のすこし前では、こう言っている。


……世の中に人間ほど貴い者はない。物はこれを償うことが出来るが、いかにつまらぬ人間でも、一のスピリットは他の物を以て償うことは出来ぬ。しかしてこの人間の絶対的価値ということが、己が子を失うたような場合に最も痛切に感ぜられるのである。

つまり「霊的生命」とは、「他の物を以て償うことは出来」ない、交代不可能な「一のスピリット」のことであり、それ自体が「絶対的価値」をもっているものということである。具体的に、こういう例も挙げている。

――ドストエフスキーが娘を失ったとき、ある人がほかの子どももいるし、また子どもができるからと慰めてくれたが、ドストエフスキーは、"How can I love another Child? What I want is Sonia."と言った、と。

だからこそ、西田も娘を、「何とかして忘れたくない、何か記念を残してやりたい、せめて我が一生だけは思い出してやりたい」と言うのである。この文章の最後に近いところでも、「たとえ多くの人に記憶せられ、惜まれずとも、懐かしかった親が心に刻める深き記念、骨にも徹する痛切なる悲哀は寂しき死をも慰め得て余りあると思う」と、くりかえしている。「一のスピリット」である「霊的生命」とは、まずは、そうした、どうにも取りかえのきかない個的なあり方を指している。

次に、そうした、かけがえない個としての「絶対的価値」というものを幾重にも確認したうえでであるが、かといって、その「一のスピリット」の「霊的生命」とは、個別としてそれだけを切り離して考えてはならないということが、その「深き意味」にはふくまれている。

「『国文学史講話』の序」では、娘の死のみならず、「幼時最も親しかった姉」の死や、日露戦争で戦死した「ただ一人の弟」の死についての「断腸」の「かなしみ」にもふれているが、後者については、戦死の報に接したとき（娘の死の三年前）に書いた「余の弟西田憑次郎を憶ふ」で、こう述べていた。

> 生者は死すといふ程明なる事実はないが、又これほど吾人が忘却し居る事柄もなし。死といふ事は日々これを聞くのであるが、死は他人のことであつて自分はいつまでも生きながらえる者のごとく、日々仇なる妄想に耽り居るのが吾人の常である。偶自己の最愛の骨肉を失ふごとき時に及んで今更のごとくに個体的生命のつまらないといふことを深く悟り転た人生の真摯ならざるべからざる所以を感ずるのである。
>
> （西田幾多郎「余の弟西田憑次郎を憶ふ」）

「個体的生命のつまらないといふこと」の「つまらなさ」とは、さきにみた「もし人生はこれまでのものであるというならば、人生ほどつまらぬものはない」という「つまらなさ」である。個体的生命が個体的生命としてだけのものであるならば、そんな「人生ほどつまらぬものはない」。

「個人あつて経験あるにあらず、経験あつて個人あるのである。個人的区別よりも経験が根本的であるといふ考えから独我論を脱することができた」とは、あえて確認するまでもなく、最初の著作『善の研究』の序の言葉である。西田哲学の出立の宣言である。

つまり、「個体的生命のつまらないといふこと」は、個体的生命のかけがえのなさを考えるとともに、その個体的生命が個体的生命だけでは終わらない「深き意味」を考えるところに問われてきたものである。

「ここには深き意味がなくてはならぬ、人間の霊的生命はかくも無意義のものではない」の直前には、こういう文章が置かれている。

とにかく余は今度我が子のはかなき死ということによりて、多大の教訓を得た。名利を思うて煩悶絶間(たえま)なき心の上に、一杓(いっしゃく)の冷水を浴びせかけられたような心持がして、一種の涼味を感ずると共に、心の奥より秋の日のような清く温かき光が照らして、すべての人の上に純潔なる愛を感ずることが出来た。

「人間の霊的生命」には「深き意味がなくてはならぬ、かくも無意義のものではない」というのは、「我が子のはかなき死」が、結果として「心の奥より秋の日のような清く温かき光が照らして、すべての人の上に純潔なる愛を感ずることが出来た」とさえ言いうるような、積極的・肯定的な事態を可能にするものとして受けとめられてくるところにあるということである。

「清く温かき光が照らして、すべての人の上に純潔なる愛を感ずることが出来た」とは、そのまま、結文の「尊き信念の面影をも窺うを得て、無限の新生命に接することができる」へとつながっているのであるが、その間には、以下のような考え方が挟まれている。

物窮まれば転ず、親が子の死を悲しむという如きやる瀬なき悲哀悔恨は、おのずから人心を転じて、何らかの慰安の途を求めしめるのである。夏草の上に置ける朝露よりも哀れはかなき一生を送った我子の身の上を思えば、いかにも断腸の思いがする。しかし翻って考えて見ると、子の死を悲しむ余も遠からず同じ運命に服従せねばならぬ、悲しむものも悲しまれるものも同じ青山の土塊と化して、ただ松風虫鳴のあるあり、いずれを先、いずれを後とも、分け難いのが人生の常である。永久なる時の上から考えて見れば、何だか滑稽にも見える。……いかなる英雄も赤子も死に対しては何らの意味も有たない、神の前にて凡て同一の霊魂である。オルカニヤの作といい伝えている画に、死の神が老若男女、あらゆる種々の人を捕え来りて、帝王も乞食もみな一堆の中に積み重ねているのがある、栄辱得失もここに至っては一場の夢に過ぎない。

つまり、「我が子のはかなき死」から「清く温かき光が照らして、すべての人の上に純潔なる愛を感ずることが出来」るまでには、こうした「物窮まれば転ず」、「翻って考えて見る」という論理・思考が働いているということである。

それは、「おのずから人心を転じて、何らかの慰安の途を求めしめる」とも言い換えられているが、その「転じ」られたところで得られる「慰安」とは、つまりは、「悲しむものも悲しまれるものも同じ青山の土塊と化して、ただ松風虫鳴のあるあり」といったような、人間誰しもが服従せざるをえないという「同じ運命」を受け入れるところに招来されるものである。

人間誰しも服従せざるをえない、みな「同じ青山の土塊と化して……一場の夢に過ぎない」という認識は、いうまでもなく無常観と言われてきたものである。能では、これでもかこれでもかといったシテ（主役の亡霊）の苦しみや悲しみがワキ（脇役の僧など）の夢のうちで訴えられるが、ワキが夢から覚めると、「夢も跡なく夜も明けて、松風ばかりや残るらん　松風ばかりや残るらん」（「松風」[19]）とか、「明けて行けば跡絶えて、わが子と見えしは塚の上の草茫々としてただ　しるしばかりの浅茅（あさじ）が原と、なるこそあはれなりけれ」（「隅田川」[20]）といったように終わるのは、よく見られる趣向である。まさに、すべて「……ここに至っては一場の夢に過ぎない」という情景である。

こうした認識において注目されるのは、「いかなる英雄も赤子も何らの意味も有たない、神の前にて凡て同一の霊魂である」と語られている霊魂論である。つまり、さきに見た、他に代えられない「一のスピリット」の「貴さ（とうと）」とは、こうした「何らの意味も有たない……同一の霊魂」という無常の認識を前提にしているからである。

「……ここに至っては一場の夢に過ぎない」と語ったあとで、西田は、こう続けている。

……一方より見れば、生れて何らの人生の罪悪にも汚れず、何らの人生の悲哀をも知らず、ただ日々嬉戯(きぎ)して、最後に父母の膝を枕として死んでいったと思えば、非常に美しい感じがする、花束を散らしたような詩的一生であったとも思われる。たとえ多くの人に記憶せられ、惜まれずとも、懐かしかった親が心に刻める深き記念、骨にも徹する痛切なる悲哀は寂しき死をも慰め得て余りあるとも思う。

誰しも逃れられない無常観の「慰安」を下敷きにしたうえで、だからこそ、あらためて親の「骨にも徹する痛切なる悲哀は寂しき死をも慰め得て余りあるとも思う」のである。つまり、こうした親‐子の「悲哀」のうちにこそ、かけがえのない「一のスピリット」というものが掴まれてくるということである。のち西田哲学の主題となる「無」の論理は、以上のような含意をもった思想感情のうちに展開されてくるのである。

これら一連の文章は、こう閉じられている。

……しかし何事も運命と諦めるより外(ほか)はない。運命は外から働くばかりでなく内からも働く。我々の過失の背後には、不可思議の力が支配しているようである、後悔の念の起るのは自己の力を信じ過ぎるからである。我々はかかる場合において、深く己の無力なるを知り、己を棄てて絶大の力に帰依する時、後悔の念は転じて懺悔の念となり、心は重荷を卸した如く、自ら救い、また死者に詫びることができる。『歎異抄』に「念仏はまことに浄土に生るゝ種にてやはんべるらん、また地獄に堕つべき業にてやはんべるらん、総じてもて存知せざるなり」といえる尊き信念の面影をも窺うを得て、無限の新生命に接することができる。

「かなしみ」とは、まさに「……しかねる」という、おのれの有限性・無力性の感得として、「何事も運命と諦め」させうるものである。そうした有限性・無力性の感得を介してこそ、われわれの背後に働いている「不可思議の力」・「絶大の力」を知り、そこに帰依することが可能になる。そのことを、西田は、「無限の新生命に接することができる」と言っているのである。

それは、独歩が「哀感の力にて我が心は幽かながらも永遠の命の俤に触れ得るなり」と言い、梁川が「神はまず悲哀の姿して我らに来たる」と言ったのと、基本的に同じ事態を語っているということができるだろう。

むろん、まだ『善の研究』も出版していないこの時期で、それは哲学的、論理的に記述されているわけではない。しかし、それは多分に、対象喪失としての「かなしみ」でありつつ、同時に、人間存在の根源感情としての「かなしみ」への大きな射程をまなざすものでもあった。

最後に、一点だけ、今の引用にあった『歎異抄』をふまえて、「悲願」という言葉について一言ふれておこう。

今この言葉は、「優勝がわれわれの悲願だ」「ついに悲願がかなえられた」というように、「悲壮な願い。ぜひとも達成しようと心から念じている願望」(『広辞苑』)の意味で使われているが、じつは、この用法は近代のごく新しい言葉遣いであり、もともとは「仏・菩薩がその大慈悲心から発する誓願。阿弥陀仏の四十八願、薬師如来の十二願などの類」(『広辞苑』)という意味であった。

誰が願うのか、その願い手が違うということである。むろん、凡夫の切なる願いは、それこそいついかなる時代にもあったのであるが、「悲願」という言葉を、みずからの努力によって達成しようという意味でのみ独立させた近代・現代には、それがもともと、仏・

菩薩が「誓願」というかたちでわれわれに願を掛けられたものであるというようなことが見えなくなってきたということであろう。西田のこの文章や最初の山田太一の文章は、そのことを訴えているように思う。

Ⅲ

「余は必ず些か(いささ)の嘘なき大往生の形を示さん」

――国木田独歩の臨終祈祷拒否

1　「余は祈ること能はず」

国木田独歩は、明治四一年六月、肺結核で三六歳で亡くなっているが、同年二月に、茅ヶ崎南湖院に入院してから死ぬまでの言行録が残されている。眞山青果（まやませいか）の筆録で、『病牀録』として、死の翌月、単行本で出版されている。

『病牀録』でとりわけ注目されるのは、「要するに総（す）べての者みな逝（ゆ）けるなり」というエピグラフが付された第一章「死生観」の記述である。[1]「死は遂に問題なり」と、眼前に迫りくる死を見つめながら吐露された死生観は、独歩生涯の思想・文学の主題を、まさに死の臨床において生々しくなぞりかえすものになっている。

独歩がまず強調するのは、「一念死の問題に到達するごとに、常に吾が死の甚（はなは）だ遠からざるを知る」、「余も亦（また）近々この世をお暇乞（いとまごい）すべき人なるを知る」、「同時に又、総（あら）ゆる人は総（す）べて死すべき者なることを知る」（傍点原文。独歩自身が「知ると云ふ字を記せよ」と指示している）といった「知る」という死への対し方の問題である。

それはあるいは、「知ると云ふより承認するなり。せざらんとするも得べからざる底に知れるなり」ということ、またあるいは、家族や友人に対して、「憐憫同情を強ひたる文字言葉」すらふくめて「余の死の近づきたる事を知らしめ」、みずから「免れぬ場合と観念せしめ」るということでもある。しかし、こうした「承認」や「観念」もふくめて、それらはつまりは、「知るなり、唯知るなり」としか言いようのないものだと、独歩は言う。

では、そうでないあり方とは何かといえば、

思ふに、知る事は単に知る事なり。触るゝ事にあらず。思ふことにあらず。如何にしても免れぬ場合と知りながら、余は遂に死すとは到底自ら思ひ信ずる事を得ざるなり。

（国木田独歩『病牀録』、以下断りのない場合、同）

と言うように、「触るゝ」こと、「思ひ」「信ずる」ことである。死という特別の事態への対し方として、「知る」ことと、「触れ」「思ひ」「信じ」ることとは違うと、くりかえし独歩は述べている。

死とは何ぞや。四大空寂に帰し、細胞は解け、繊維は溶け、原子は原子に、元素は元素に還る事ならずや。窓外に見ゆるこの自然の中に空しく消散する事ならずや。かの砂、かの松の間に殆んど空間も時間も無き有るに復する事ならずや。これ信ずべき事なりや。将たまた是非とも信ぜざる可からざる事なりや。

「四大空寂に帰し、細胞は解け、繊維は溶け、……」という、一般的・客観的な「知」では、どこまでも「知るなり、唯知るなり」でしかない。そうした「知」は、「人を後にし、事を先にし、総ゆる死に関する智識を総合して、死とは何ぞやと論じたる閑事業に過ぎない」。「複数の主格に単数の客格を置かんとする、既に謬まれり」。

そこには、以下のような観点が、決定的に欠けていると独歩は言う。

然らば茲に吾あるを如何せん。国木田独歩は儼として茲にあり。目に見よ、耳に聞け、心に知れ、吾が身体は立派に嘘で無く、明白に、この病牀の上にあり。この吾を如何せん。この人死して、かの自然の中に散失すと君は信じ得るや。知る事は得べし。然もそを思ひ断ずる事は得るや。

死という事態において単に「知る」ことでなく、「触れ」「思ひ」「信じ」ることとは、今ここにある、ほかならぬ「吾」、他に換えることのできない自分自身がまさに「主格」として、主体的・主観的に何ものかに「触れ」、それをそれとして「思ひ」「信じ」るといったある種の超越的な手応え・実感の謂いである。

それはどのような手応え・実感のことなのか。

独歩の初期作品に、「死」（明治三一年）という短編がある。そこでも基本的に同趣の主張をしているので、それを参照しておこう。

「死」は友人の自殺をめぐって、その死に対するさまざまな対応を描いたものであるが、そこで主人公は、われわれが「容易に「死」其者（そのもの）を直視することが出来ない、従（したが）つて其（その）測り知れざる大不思議に打たれることが出来ないといふこと」に苛立ち、懊悩している。

たとえば、母親らは彼の死を哭（こく）するが、それはその「離別」を哭しているにすぎないし、医師らは「生から死に移る物質的手続きを知ればもう「死」の不思議はない」と平然としている。また諸友とて「自殺の源因が知れた時はもう其（そ）れ丈（だ）けで何の不思議もないのである」。

主人公は、さまざまにその死に応対し、問い直しながらも、結局われわれは「まるで一種の膜の中に閉じ込められてゐるやうに」、ただ死にともなう何らかの「幻影を追ふてゐて遂に「死」其者を見ることが出来ない」のだ、と嘆いている。

友人の死を「離別」や「手続き」「源因」といった、死に付属するあれこれ間接的な「知」でやりすごすのではなく、死そのものを「直視」し、その「秘義」や「大不思議」に打たれることができなかったという、この主人公の嘆きと、今、みずからの死を前に「触るゝ」こと、「思ひ」「信ずる」ことができない、という独歩の嘆きとは別事ではない。

では、死そのものを「直視」し、その「秘義」や「大不思議」に打たれるとはいかなることなのか。短編「死」では、それは具体的には述べられていないが、「死」を執筆した当時の日記（『欺かざるの記』(2) 明治二八年七月二五日、なお以下、『欺かざるの記』の場合は、二八・七・二五のように年月日で略記）で、独歩はこう述べている。

> 吾此の天地に存す。此れ最初の事実なり。死するとも生くるとも此の宇宙の吾は終に宇宙の外に出ずる能はざる可し。不窮の天地。吾茲に生れて存す。武雄氏は消へたり。行一君は消へたり。何処にかゆきし。彼等何処にかある。此宇宙に於て彼等如何にせしか。

「死」を思へ。「死」を窮めよ、「死」を見よ。之れ「死」の著ある所以なり。愛と死と相関する如何。人は何故に「死」を忘る、か、「死」を感ぜざる乎。（二八・七・二五）

死を「思ひ」「感ずる」こと（＝死を「直視」し、その「秘義」に打たれること）とは、「死するとも生くるとも」「終に」その「外に出づる能はざる」という「茲」と、そこにこうして現存しながら、やがてかならずや消えゆくこの「吾」とが何らかの関わりを持つものとして、ある決定的な事態を迎えているのだ、ということ自体を、何かしら「思ひ」「感ずる」ことである。

嗚呼、死。此無窮無辺の自然の懐中に行はれつ、ある不可思議なる法則、吾人此法則の前に立つ時は実に生命其物を感ぜずんば非ず。（二七・一・二九）

人間其の終極は死のみ、之れ事実なり。宇宙はホール、無限無窮なり、之れ事実なり。如何、如何。（二七・六・一三）

みずからの死（−生）が、こうした宇宙・自然の「法則」「事実」の「懐中」で行われているという手応え・実感、——「我も又た此生を此天地に享け、消えてゆく此世の一片として此悠久にして不思議なる宇宙に生きてゐる魂ぞといふ感」（「神の子」明治三五）に強く打たれたい、とする願いは、「驚きたい」「びっくりしたい」という、独歩の、いわゆる〝驚異哲学〟として、生涯をとおして追求されたものであった（「驚異」[3]、「牛肉と馬鈴薯」[4]など）。

『病牀録』においても、「人生惟一の驚愕は恐らく死の外無けん。余嘗てこれを『牛肉と馬鈴薯』の中に記せり」と述べている。が、結果的には、彼はついにそれを痛感・驚異しえていない。さきの言い方でいえば、死に「触れ」「思ひ」「信じ」るという事態を迎ええていない（それは、このあとに見る、未決の「霊性問題」ということでもある）。迎ええないままに、迫りくる死を前にして、独歩は「知るなり、唯知るなり」とつぶやくばかりである。

死の一ヶ月前、四一年五月、独歩は、かつて洗礼を受けた牧師・植村正久を呼んで救いを求めようとする。「植村正久氏は始めて余の心を開ける人なり。余の心の合鍵は渠の手にあり。……生死の境に迷へる余の心は、氏の導きに依つて初めて救はる可しと信じ」たからである。

氏は唯祈れと云ふ。祈れば一切の事解決すべしと云ふ。極めて容易なる事なり。然れども、余は祈ること能はず、衷心に湧かざる祈祷は主も容れ給はざらん。祈の文句は極めて簡易なれど、祈の心は難し、得難し。

祈祷について独歩は、かつて植村にしたがって、たとえばこう記していた。

植村正久氏の説教をきゝぬ。説教の題は「祈祷」なり。クリストイエス、ケツセマの祈りを引証しておゝいに祈祷の霊界に重き所以を説きたり。吾甚だ此の説を賛す。正久氏曰く、祈祷なくんば宗教なしと。真に然り、真に然り。宗教の意義だに明かにするを得ば、祈祷を拒むべからざる也。　（二七・一〇・二）

まさに「心の合鍵」になるべき営みであったが、死を目前にして、「衷心に湧かざる祈禱」はできないと、泣きながらそれを拒絶している（――「五月十九日、三時、独歩氏病牀に泣く」）。

植村の「祈れ」は、むろんそれを口にした瞬間、すべての問題が雲散霧消するといった、けっして呪文のごときものとして勧められたわけではない。植村において祈祷とは、たとえば、「匹夫（ひっぷ）、匹婦（ひっぷ）が妄（みだ）りに幸福を求めて、神仏に賽（さい）するがごときもの」ではなく、「その第一の主意は、上帝の徳を慕いてこれと交親し、相思、相愛の情を通ずるに在りとす。……わが誠実なる祈祷は、上帝の尊聴に達し、必ずやいずれの所においてか、その佑助（ゆうじょ）賜るや、確乎として信ずべきところ」（「真理一班（いっぱん）」(5)）のものであった。

つまり、祈祷は、賽銭をあげて見返りを求めるような営みではなく、神との「相思、相愛の情を通ずる」という双方向性をもつものと信じる「誠実なる祈祷」でなければならない、と。

が、死という事態を前に、ついに何ら「触るゝ」こと、「思ひ」「信じる」ことのない独歩には、それができない。「衷心に湧かざる祈祷は主も容れ給はざらん」とはその表明であるが、それは「主も容れ給はざらん」という結果の予想以前に、独歩には、いわば、原因であるべき「衷心に湧く祈祷」そのものが、どうしてもできないのである。

臨終に猶ほ嘘を敢へてして羞ぢざる人の陋劣無恥を憎む。余の臨終に注意せよ。余は必ず些かの嘘なき大往生の形を示さん。死を欲せざれば欲せずと泣き叫び、欲すれば欲するやうに、明白に正直に死なん。

あるいは、「思想の人、信仰の人は自ら欺かざる処にて第一なれ」という独歩には、祈ることはとうてい受け入れることはできなかった。同じ植村に洗礼を受け、のちに長らく棄教していた正宗白鳥が、死を直前にして「……アーメン」と祈ったのと好対照である。あらためて、「誠実」とは何か、「嘘」とは何かをふくめて、祈祷という営み自体の意味が問われてくるが、その点については、次章でくわしく見ることにする。

2　未決の「霊性問題」

祈祷を拒否せざるをえなかった、こうしたあり方をふくめて、「死は遂に問題なり」とは、「霊性問題」の未決ということでもあると、独歩は述べている。植村を呼んだ前後の記述にこうある。

今の余に処決し得ぬ唯一の問題は霊性問題なり。こればかりは何うしても処決するを得ず。抜出したる抽斗を其の儘にし置くさへ心苦しきものなり。況んや、一度抜出したる心の抽斗の永生その儘なるは吾の堪へ得る所なるべしや。

「一度抜出したる心の抽斗の永生その儘」にしているという「霊性問題」とは何か。独歩は、それまで「霊性」という言葉をとりわけ主題的には用いてはいない。ここでのこの表現も、それ自体はおそらく、病牀に訪れた植村の言い方を受けたものであろう。しかし、「霊性」という言葉や、それに類する「霊」「魂」「霊魂」、あるいは、「霊界」「霊体」「霊心」「ソール」、等々といった言葉を、若い頃から、ある実質的な意味を込め（ようとし）ながら用いてきている。「一度抜出したる心の抽斗」と言われる未決の「霊性問題」とは、こうした一連の言葉遣いに関わる問題関心の全体を指すものであろう。

たとえば、『欺かざるの記』には、以下のような表現が散見される[1]。

人若し自からのソールを信じなば、然り天然より享け得たるソールを信じなば失望の苦しみなく、狭量の齷齪なく悠然として楽しむ所遠く、泰然として安んずる所実なるべし。

宇宙は活動する霊体なり、霊心なり、人間は茲に消滅する肉体なり、霊魂を宿す。

（二六・一二・一九）

吾が生命を感ず。感ずる者すなはち是れソールならずや。然り生命の生命はソールなり、ソール即ち生命の自覚なり。吾がソールを信ず。然りソール之れを命ず。否な、ソールかく言ふ。

（二七・四・二六）

自然！　美このうちに充ち、吾は自然の児なり。神聖なる関係なる哉。嗚呼吾はたしかに一個の霊なり、霊は不死なり。

（二七・六・一七）

宇宙は全体なり。神は主宰なり。故に霊魂は不死なり。これ吾が確信の一つなり。

（二七・六・一八）

（二七・八・一〇）

ソール・霊・魂・霊魂……、等々と、さまざまに用いられているが、基本的に使い分けられてはいない。またそれらは、事実というより、理念、信念としての記述、そうあるべき、そうであってほしいものとして記されている。その内容はおおむね、以下のようにまとめることができる。

――人間には、宇宙・自然のなかにおいて、消滅する肉体とは別に不死の霊魂が与えられ宿されている。霊魂の与え手は、「主宰」としての神とされたり、それ自体が霊体・霊心であるような全体としての宇宙・自然ともされている。それゆえ、そのような霊魂のあり方を「感じ」、「信じ」られるものは、宇宙・自然とのつながりのなかに、不死性に安んずることができる。

さきに引いた「我も又た此生を此天地に享け、消えてゆく此世の一片として此悠久にして不思議なる宇宙に生きてゐる魂ぞといふ感」は、つまりは（この短編の題でもある）「神の子」である自覚において感じられるべきものであった。

こうした「我も又た此生を此天地に享け、消えてゆく此世の一片として此悠久にして不思議なる宇宙に生きてゐる魂ぞといふ感」は、かならずしもキリスト教的なものに限定されないが、独歩の場合は基本的に、植村をはじめとする当時のキリスト者の考え方や用語法を踏襲したものである。

独歩も聴いたであろうと思われる植村の発言のいくつかを引いておこう。

心の現象は物質の作用にあらずして全くこれと殊別なる実体に属す。すなわちこれを名づけて霊と称す。（「真理一班」）

ただその禽獣に超れて万物の首長たるものは、霊なる魂を具えて物の是非を別ち、事の善悪を知ることあればなり。（同）

死は万事の終結と見做すべきや。否々死は人生の一段落のみ。決して全局を結ぶものにあらず。その佳境は遠く死後に在りとす。これ霊性の無究なるべき一証にあらずや。（同）

誰か天地を無情なりと言うか。物界は霊なる意義をもって充満せり。（「自然界の預言者ワーズワース」）

独歩の場合、こうした植村の影響とともに、みずから英文で読んだエマーソン・カーライル・ワーズワースなどの欧米の思想家・文学者からの影響も強い。彼の言うソール・霊魂などの語は、いずれも、人が神や宇宙・自然の超越の働きにふれたときに感じられる、自己の内と外とをつなぐ不思議な働きの表現として用いられている。

はやくから使っている雅号「独歩」も、そうした神や宇宙・自然の不思議な働きとの「独立独歩の黙契者」（二八・三・一九）たろうとしたところのものであった。

我の遂に我にして一個独立の霊なることを感ずる愈々強く。随て勇気生じ、自由生じ、進んで止む能はざる精神振ひ、忍耐生じ、精力加はる。（二六・八・二四）

吾が独立自信する霊魂を思ふ時は吾が心躍る。「自己の霊魂」、ソール。何等偉大幽深の文字ぞ。我はソールなり。宇宙に存在せるソール也。（二六・一〇・一五）

「偉大幽遠」なる宇宙・自然のなかで、みずからの存在がそれとのつながりにおいて確乎として「感じ」取られているとき、自身は「一個独立の霊」「独立自信する霊魂」として自覚されてくる。[6] そのとき、自己は「勇気生じ、自由生じ、進んで止む能はざる精神振ひ、忍耐生じ、精力加はる」といったようなポジティブな自覚・自信に満たされるが、問題はそのあり方が、そうした確乎たるものとして持続していないということである。

右に引いた文章と、日、時をおかず、前後しながら、次のような文章が記されている。

深く吾未だ全き吾の独立を此の天地間に見出す能はざることを感ず。即ち吾が一個のソールを吾が一個のソールとして独立して自然に対ひ神に向ふ能はざるを知りぬ。

（二六・一〇・二四）

吾白状す、吾未だ寂寞たる山林月光のもとに神を感ずる能はず、吾に断じて大なる、堅き信仰あるなし。只だ自然は冷々然たり、黙々乎たり、只だ夫れ悠々として無限なるを感ず。吾が魂何処にある、吾が霊何処にある、吾は小なる哉、吾は只だ五官に由り周囲のものを多少探るに過ぎず、吾が眼は只だ星と大空と月明と森と、墳墓とを見るのみ。是れ何ぞや、吾は更らに深遠なるものを見る能はざる也。嗚呼吾肉体は小なる哉。此の冷然たる土塊すら吾が肉体を永久に埋むるに一杯の土を要するのみ。……神あるか、霊

魂あるか、嗚呼此の存在の意味は如何。（二七・五・一九）

嗚呼爾めざめよ。深き思に入れ。人生の不思議を感ぜよ。天地の不思議を感ぜよ。霊の覚醒を求め、真理を熱心に求め、信仰の火を天より得よ。（二八・一〇・八）

ここでは、ソール・霊・魂といった言葉は、独歩にとって、その実質ある中味を、十全には「めざめ」「感じ」取れないもの、ないしは、その存在の有無それ自体が問われてしまうものとして使われている。天地・自然は「悠々として無限なるを感ず」るものの、それは、この「吾」という存在とは無関係に、ただいたずらに「冷々然」「黙々乎」としているにすぎないのか、と。

『欺かざるの記』には、こうした否定的見解と、さきのような肯定的（希望的）見解とが、それぞれに脈絡なく交互に書きつけられている。

3 「シンセリティ」ということ

以上のようなあり方は、未決の「霊性問題」に対する、あれかこれかの二者択一をせまる、次のような問題状況でもある。

> 天地それ冷然たる無窮唯物の変化盲動に過ぎざるか。天地それ霊心霊神の統治のもとに在りて人類は此の空に愛着せらるゝものか。二者其の一のみ。（二七・六・一二）

> 主観の信仰の火に燃ゆる時は兎も角、客観して此の「吾」を思ふ時に於ては無限の愁哀を感ぜずんばあらず。（二七・四・九）

「二者其の一のみ」、あるいは「兎も角」といったナイーブな言い方によく現れているように、独歩は、天地・自然が「無窮唯物の変化盲動に過ぎ」ないか、あるいは「霊心霊神の統治のもとに在」るかという、二つの可能世界の分裂を前に、ただひたすら前者の世界に参入しようと願うのみである。

この「ただひたすら願う」という言い方にも関わるが、『欺かざるの記』全編には、おびただしいほど、「シンセリティ sincerity」という言葉が頻出する。むろん、それは霊性論にかかわっている。

吾何故に好みて軍艦に乗り込みて生死の間に突入するか。曰く吾を自然のうちに更正せしめんがためなり。更に言ひ換ゆれば愈々シンセリティなる自然の児とならんことのため也。また他の言を以てすれば、吾が霊性をして一段の進歩あらしめんためなり。（二七・一〇・一二）

吾れ人と語りて其のシンセリティならざる心霊の麻痺に戦慄す。人間何者か不シンセリティなる程恐る可き事やある。彼は自殺の人なり。吾が存在の不思議を直感し能はざるに至らば吾が霊、已に麻痺したるなり。（二七・一二・三二）

独歩においては、「シンセリティ」であるとは、一切の社会的・世間的な習俗・狎感に覆われた状況を突き破って、裸々然、宇宙・自然に直面し、その「秘義」に打たれ「感じ」うるというありようであった。そこでこそ、「麻痺」した「霊性をして一段の進歩あらしめ」ることができるものと考えられていた。

もともと、sincerityとは、カーライル『英雄崇拝論』での、英雄・預言者のあるべき属性の一つであるが、独歩は、それに、「至誠」、「真誠」、「真面目」、「赤條々の大感情」、等々といった翻訳をかぶせながら、（英雄ならざる）われわれの、現下にひたすら努むべき実践徳目として捉えている。

――「シンセリティ」でありうれば、宇宙・自然の「秘義」に打たれ、霊性を高めうるはずだ、逆に、現にそうたりえていないとすれば、それは、おのれの「シンセリティ」の度合いが足りないからだ、と、さらにいっそうみずからの純粋性・全力性の不足を責め立てる。

それはsincerityというより、むしろ、彼が若年より私淑してきた故郷の英雄・吉田松陰[7]の、「至誠にして動かざる者は いまだこれあらざるなり」を要諦とする「至誠」論の発想に近い。つまり、それは、「清明心」「正直（せいちょく）」「誠」といった、みずからの心情の主観的な純粋性や全力性において、事や人に関わろうとする日本人に伝統的な倫理観[8]に連なる考え方であろう。

しかし、そのような考え方は、いうまでもなく、神と人との隔絶を前提とするキリスト教信仰にはそのままではつながらない。独歩には、植村（あるいは内村鑑三）のように、神人隔絶による人間の罪性への着目や、三位一体の一つの位格としての聖霊への言及は、ほとんど見られない。

ただひたすら「シンセリティ」という純粋性・全力性の主観をめざそうとするばかりであり、それは生涯、基本的に変わることはなかった。[9] 先に見た、死を直前にしての「衷心に湧かざる祈祷は主も容れ給はざらん……」もまた、そうした姿勢のもたらしたものであろう。

4 「ふびんなる魂」「哀れむ可き霊」

結局、こうして独歩は、ひたすら願った、宇宙・自然の「秘義」に直面し「驚く」ということは果たせず、したがって、みずからを確乎とした「独立自信する霊魂」として自覚することはできないでいる。が、とはいえ、それは、みずからをふくめた人間存在に、魂・霊を感ずることがまったくなかったということを意味するものでもない。

つまり、「我も又た此生を此天地に享け、消えてゆく此世の一片として此悠久にして不思議なる宇宙に生きてゐる魂ぞといふ感」そのものは、その、いわば、その感度を落としても、それ自体としては消しようのないものでもあった。

そのとき、それは、次のような魂・霊として感じられる。

人の魂よ、ふびんなる魂よ、憐（あわ）れなる人よ。吾なれを懐（おも）ふ毎に、あはれの心いやまさる。哀の心いや動く、心の底の心より冷たき涙、あふれ出づ。……此のはてし限りもなき宇宙に此の冷然たる地球の表面に五十年の生命を忽然として送りをちつく先は何処とも知らで此の世を送りゆく。嗚呼なれの魂。此の世界に何の意味やある。……嗚呼魂よ。なれのゆく先は何処ぞや。……なんじは此の人の肉体を受く。なんじは此の魂を何処にや送りし。嗚呼ふびんの魂よ。（二七・四・二五）

嗚呼哀れむ可き爾（なんじ）一個のソールよ、我は爾が自ら爾を茲に見出したるを哀れむ。茲は爾に取りて余りに大なり、余りに複雑なり。爾愚なるソールよ、茲は爾の智識には余りに直接なり。……爾は山間に樵夫一個の霊を想ふ、爾海浜に漁夫一個の霊を想ふ。……霊が想像は古より今、西より東、凡て人類存在の運命の上を走る、而して自らを此の運命の裡に見出す。（二六・八・二四）

独歩に独自な文学世界は、むしろ、人間が、こうした「ふびんなる魂」「哀れむ可き霊」として生き、死んでいくことを、それとして描きだすところにあったということもできる。何処より来たりて何処かへ行くのか、そのゆくえは不明のままに、しかしなお、その「一片」として「悠久にして不思議なる宇宙に生きてゐる魂ぞといふ感」である。「ふびんなる魂」「哀れむ可き霊」は、むろん、「独立独歩の黙契者」や「独立自信する霊魂」といった高らかな自覚ではない。「我」も「爾」も、また「樵夫」も「漁夫」も、すべて、こうした、独立もならず、出処・帰処不明の不思議な運命を担ったまま、「一個の霊」として生き、消えてゆかざるをえないものだという感懐である。

――「嗚呼無数の人の魂！　此のはてしなき「時」のうちに浮沈消滅する、此の数知れぬ人の魂！　爾等、我等の行末は何ぞ」（二七・四・二三）。独歩の、いわゆる小民共感の文学である。

そこでは、「ふびんなる魂」「哀れむ可き霊」の「ふびん」、「哀れ」といった哀感が基調になっている。独歩の哀感の意味については前章で見たので詳論はさけるが、たとえば、そこでも引いた「ああ余が存在の不思議に惑いつつも猶わずかに堪え忍び得るは全くこの哀感の故のみなり。……わずかにこの哀感の力にて我が心は幽かながらも永遠の命の俤に触れ得るなり」(「悪魔」)の「永遠の命の俤に触れ得る」という「哀感」は、それ自体、「哀感」のままに霊性を湛えた感情であろう。

そのことを独歩の最期に即して、あらためて確認しておこう。『病牀録』「死生観」に附された「要するに総べての者みな逝けるなり」は、その前年、明治四〇年に発表された独歩最後の詩、「秋の入日」の一節である。

要するに悉、逝けるなり!
在らず、彼等は在らず。
秋の入日あかあかと田面にのこり
野分はげしく颯々と梢を払ふ
うらがなし、あゝうらがなし。

水とすむ大空かぎりなく
夢のごと淡き山々遠く
かくて日は、あゝ斯くてこの日は
古も暮れゆきしか、今も又!
哀し、哀し、我こころ哀し。

（国木田独歩「秋の入日」）

「要するに悉、逝けるなり!」と書き出されたこの詩は、死を前にして、どこにつながっていいのかわからないという当て処のなさを「哀し、哀し、我こころ哀し」と歌っている。しかしそれが、どこまでも、こうした、おびただしいほどの哀感、「かなしみ」のなかで訴えられているかぎり、独歩自身が言っていたこと（前章「悪魔」の引用）を適用するならば、それは「猶わずかに堪え忍び得る」ものでもあったはずである。

「ふびんなる魂」「哀れむ可き霊」は、たとえ、出処・帰処不明、不思議な運命を担ったままに、生き、死んで逝かざるをえないとしても、泣くことのできる哀感、「かなしみ」のあるかぎり、それはたとえ、かすかではあれ「人情と自然との絶えざる約束」のようなものを感じている魂であり、霊であるからである。

死の五、六日前、独歩は、突如こう述べている。

> 余は昨夜翻然として悟れり。曰く、生や素より好し、されど死亦悪しからず。疾病は彼岸に到達する階段のみ、順序のみ。又吾が生の一有事たりと稽ふれば、別に煩悶するを要せず。

『病牀録』の記録者は、このあと独歩は「極めて平静なりしもののごとし」と報告しているが、それに続けて、「二十一日の夜半、夫人治子密かに起きて容態を窺うに、流涕頰を伝うて嗚咽すること久し。夫人怪しみて問う。「急に何だか悲しくなつて」とのみにて多く云はず。またひそかに泣く。蓋し、死を距てつること二日前なり」と報じている。

のちに植村は、独歩のこの臨終に関して、こう述べている。

> 同君が死なれる前に令弟収二君に対して「死は彼岸に達する努力なり」と言ったかと聞いている。これは私が同君に会った時、話した事であるから、或は信仰に進んで死なれたのではないかと内心喜んでいる。自分で、意識しなかったかもしれないが、暗々裡に

（「教会時代の独歩」[10]）

恩寵（めぐま）れていたのであろうと思われる。

植村の言うように、「或は信仰に進んで死なれたのではないか」どうかは微妙であるが[11]、いかに未決であろうとも、くりかえしておくと、「我も又た此生を此天地に享け、消えてゆく此世の一片として此悠久にして不思議なる宇宙に生きてゐる魂ぞといふ感」をもち続けていたことはたしかであろう。

「ふびんなる魂」「哀れむ可き霊」は、いかに「ふびん」で「哀れ」であろうとも、というより、その「ふびん」「哀れ」をとおして、みずから魂・霊であることをわずかにでも感じ取っていたというべきであろう。その「哀感」は霊性にふれた感性である。

Ⅳ

「私か、私も多分祈れまい」

――正宗白鳥の臨終帰依

1　「私か、私も多分祈れまい」

正宗白鳥は、国木田独歩より八歳年下であった。独歩が肺病のため三六歳で早世したこともあってたがいに面識はなかったが、両者の因縁は浅からぬものがある。

独歩が文学的に世に知られるようになったのは、死を目前に発刊された『独歩集』(明治三八)によるが、そこには、当時の読売新聞文化欄担当記者であった白鳥の、いちはやくの好評が大いに寄与していた。そしてじつは、作家・正宗白鳥の誕生もまた、これら独歩の作品にふれたことが大いに寄与していた。

白鳥は、処女作時を回顧して、「『塵埃(じんあい)』など二、三の短編を執筆する以前に、偶然『独歩集』を読んで非常に感嘆して、その批評を新聞に書きましたが、感嘆しながらも、内心、「かういふ小説なら私にでも書ける」と思ひました」[1](「処女作の回顧」大正五)と述べている。あるいは、後年、「「あれが新しい形の小説なら書けぬことはない」、紅葉のやうな小説なら書けないが独歩のやうな小説なら書けぬことはないと、ひそか意を強くしたのであつた」(「我が生涯と文学」昭和二二)、とも。

文学的にも思想的にも両者は根本に共有するものをもっていたということであろう。二人は、当時前後してキリスト教に近づき、同じ植村正久から洗礼を受けながら、同じように間もなくキリスト教から離れ、それぞれの文学活動を展開している。

独歩と白鳥は、このように似た精神の軌跡を描きながら、臨終帰依をめぐっては、結果として、まったく対照的な態度を見せている。前章で見た独歩の臨終における祈祷拒否について、白鳥は何度もくりかえし言及している。たとえば、七五歳の白鳥は、こう述べている。

国木田独歩は茅ヶ崎の病院で、病状が重篤に陥り、死の恐怖に襲はれてゐたらしく、青年時代にキリスト教の道を教へられた植村正久先生を招いて慰めの言葉を授けられようと熱望した。先生は招きに応じて訪問して、たゞ「祈れ」と勧告した。しかし、独歩は、「どうしても祈れない」と云つて、哭泣(こっきゅう)したさうだ。(私か、私も多分祈れまい)

(「欲望は死よりも強し」昭和二九)

独歩の態度は、くわしく見たとおり、「祈りの文句は極めて簡易なれど、祈りの心は難し」、「臨終に猶ほ嘘を敢へてして羞ぢざる人の陋劣無恥を憎む。余の臨終に注意せよ。余は必ず些かの嘘なき大往生の形を示さん」（『病牀録』）と言っていた「欺かざる」人・独歩の余儀ない祈祷拒否である。

こうした独歩の臨終祈祷拒否を受けて、白鳥が、括弧に入れて忍びこませた「私か、私も多分祈れまい」という述懐は興味深い。この言葉を述べて八年後、八三歳で白鳥は亡くなっているが、死を直前にして、彼は「アーメン」と祈って死んでいったからである。

あとでもくわしく検証するが、あらゆるものを「つまらない」と突き放し続けて、「日本製ニヒリスト」（三好十郎[2]）とも言われていた白鳥の、「突然」の臨終帰依は、人々に大きな驚きをもって受けとめられた。とりわけきびしいものには、たとえば、次のようなものもある。

非礼を顧ずに云えば、正宗氏は死ぬ前に、脳細胞の障害を起し、脳軟化症のような病状になられたのにすぎない。……どんなに、人生の虚妄を説き、生ま生ましい現実描写に徹した写実家でも、一たび脳血栓の発作に襲われれば、浪漫的幻想をうかべて、とりとめもない囈言を口走るのは、世間普通のことである。（舟橋聖一「イエスマンと白鳥」[3]）

あるいは、「私は半世紀以上に亙って文学に示してきたものが、最後に「アーメン」でしめくくられるとしたら、どうもすこし惜し過ぎる気がする」(安岡章太郎「アーメンの感覚」)[4]、さらには、「むしろこの回心自体が氏の生涯を一層さびしいものに、少なくとも私には印象づけるのを否定しがたい。言ってみるならば、氏は、迫りくる死を前にして、まるで赤ん坊が母の懐ろをしたうように、力つきて信仰にすがりつかずにいられなかったのではないか。……その緊張と痛みが感じられぬところに、氏の魂の救いのない荒廃を感じさせられてしまうのだ」(山室静「正宗白鳥の死をめぐって」)[5]、と。

むろん、こうしたきびしいものだけではないが、その「アーメン」が、それまで白鳥が展開してきた文学・思想には見合わないものとして驚かれたのは事実である。というより、それはなにより、白鳥自身の、他の人間の臨終帰依や臨終での言葉に対する態度、評価でもあった。

あの荒れ廻つたストリンドベルヒが、最晩年にカソリック教の古い宗旨に帰依して安んじてゐるやうなことを云つてゐるが、あれは頭が耄碌したからではないだらうか。西洋の文豪は老境に達すると、西洋らしいお宗旨を信じ、日本の文人は、芭蕉によつて代表されてゐる東洋流の悟りに入るらしいが、それは老ひのもたらす迷妄であるのだと思ふと特別に有難い訳はない。

（「あの夜の感想」大正一三）

「人間は気力の衰へた時には、年甲斐もなく、いやに感傷的な言葉を吐きたがるものである。「人の死せんとするや、その言ふことや善し。」と云ふのも、畢竟は、気力を衰へをさすに過ぎないことがある」（「夏目漱石論」昭和三）。あとでもすこしふれるが、これと似た発言はたびたびくりかえされている。「私か、私も多分祈れまい」という言葉もまた、そうしたみずからの、ある可能性への警戒がこめられている。

そうした白鳥の「アーメン」は、たしかに、みずから言うように「気力の衰へ」「老ひのもたらす迷妄」に属するものとも言えないこともない。しかし、それはすくなくとも「脳細胞の障害を起し、脳軟化症のような病状」での「囈言（うわごと）」でもなければ、「緊張と痛みが感じられぬ」「魂の救いのない荒廃」と言われるような、いわば、まったくの思想文脈のとぎれた事態としてあったわけではない。そこには、白鳥なりの緊張や痛みも、また逡巡があり、そのさきでやっと祈られた「アーメン」だと思われるからである。

以下、白鳥の臨終帰依のあり方、「アーメン」の祈られ方を、ひとつの思想表現として考え、そこにいたる経緯をふくめて、くわしく検証してみよう。そのためには、晩年・臨終期のみならず、そもそも正宗白鳥という文学者にとって、思想とは何かという問いを、あらためて問い直しながら考えてみる必要があるように思う。

2 「つまらない」という思想・無思想の感受性

思想とは何かという問題は、自然主義文学者であった白鳥においては、それ自体その文学活動の根幹に関わることであった。それはたとえば、小林秀雄との間に繰り広げられた「思想と実生活」論争などにもよく現れている。まずこの論争を一瞥しておこう。

このよく知られた論争は、トルストイが最期、夫婦げんかをして家出し、野たれ死にしたことの解釈をめぐってなされたものである。

まず、白鳥が「人生救済の本家のやうに信頼されてゐたトルストイが、山の神を恐れ、世を恐れ、おどおどと家を抜け出て、孤往独邁（こおうどくまい）の旅に出て、ついに野たれ死にした経路を日記で熟読すると、悲壮でもあり滑稽でもあり、人生の真相を鏡に掛けて見る如きである。ああ我が敬愛するトルストイ翁！」と論じた（「トルストイについて」昭和一一）のが最初である。

これに対して、小林が「ああ我が敬愛するトルストイ翁、貴方は果して山の神なんかを怖れたか。僕は信じない。……あらゆる思想は実生活から生れる。併し生れて育つた思想が遂に実生活に決別する時が来なかつたならば、凡そ思想といふものに何の力があるか」(小林秀雄「作家の顔」[6])と応じたところから論戦が始まる。

都合六回にわたって展開されたが、主な論点は、この最初の応酬に集約されている。「肝心なのは、「実生活を離れて思想があるか」無いかの問題である」(「文芸評論」昭和一二)という白鳥は、「思想といふもの」を認めるにしても、およそそれが実生活を離れてしまっては意味がない、そんなものは単なる「抽象的煩悶」であり「観念の遊びごと」「絵空事」でしかないと突き放す。

対して、思想の実生活からの決別・独立の意義を強調する小林は、白鳥の見方は大文学者・トルストイの思想をそれとして正当に評価することなく、くだらない「夫婦喧嘩が人生の真相だなどといふ中途半端なとこにまごまご」(小林秀雄「思想と実生活」[7])しているものだと噛みついたのである。

思想とは何かという問いは、この論争では、「人生の真相」をどう見るかという問題でもあった。あの大トルストイであれ、こうした夫婦げんかのあげくに家出をし、野たれ死にしたというところにこそ、「悲壮でもあり滑稽でもあり、人生の真相を鏡に掛けて見る如きである」と言う白鳥のような考え方は、まさに「わが国の自然主義小説の伝統が保持して来た思想恐怖、思想蔑視の傾向」（小林秀雄「文学者の思想と実生活」[8]）に棹さすものと、小林には思われたのである。

小林の言う「思想恐怖、思想蔑視」とは、つまりは〝無思想〟にすぎないと言いたいのだろうと、白鳥もみずから自嘲ぎみにまとめている（「思想・無思想」昭和一三）が、むろん、それは単なる思想欠落としての無思想ではありえない。

もともと、「思想がない」とは、白鳥らの自然主義が尾崎紅葉らの硯友社系の作家に浴びせた評語であった。白鳥にすれば、「観念の遊びごと」や「絵空事」としての思想を引きはがしたところ、その、あるいは無思想に見える現実の実人生のありのままの「真相」のうちにこそ、ありうる思想を求めるべきだ、という秘めやかな思いがあるのである。

> ……宗教欲と芸術欲とは、古来人類の心に深く萌している迷妄と云ふべく、宇宙人生の真相をありのまゝに見ることを妨げているやうに思はれる。私は、かういふ迷妄から脱

却して、美しい霞を払拭して、森羅万象を見たいと思ふことがある。

（「文芸時評」大正一五）

「真相」とは、白鳥の場合、とりわけ死の問題をめぐってのものであるが、そこでは、宗教や芸術なども迷妄とし、その迷妄を取り去ったところでの真相が求められていた。そして、そうした真相においての思想、――白鳥流の言い方でいえば、「真実を追求して本当の所に達した揚句（あげく）の思想」（「文学に於ける「解決」是非」昭和二二）といった、幾重にも「真実」「本当」「達した」「揚句」等々と、畳み重ねられたさきにある思想なるものが追い求められていたのである。

いわゆる思想に異議申し立てをして無思想へと還元しつつ、人間の現実、実生活のうちに、もしありうるならば真実の思想を見いだそうとする白鳥のこうした姿勢は、彼が生涯ふりまわし続けてきた「つまらない」という言い方によく現れている。

「つまらない」とは、「ツマルに否定の助動詞ズの連体形ヌが付いたもの、ツマラヌ」（『大辞林』）であり、「つまるところ・つまることがない」という意味である。「つまる」とは、「満ちる・行きつくこと」であり、語義としては、道理に合わない・得心できない・意に満たない・おもしろくない・とるに足りない・価値がない、といった、何らかの意味での不満・欠如を表す言葉として近世以来使われてきたものである。

すなわち、「つまらなさ」とはある種の虚無感・空漠感ではあるが、しかし、宇宙・人生を、いわば投げやりに等閑視することではない。それは、何ものかを希求しているがゆえにこそ、それが満たされないところに出てくる感じ方だからである。

白鳥に即していえば、その「つまらなさ」には、無思想化への還元のみならず、隠された思想化への希求が同時に働いていたということである。あるべき「つまるところ・つまること」こそが、ありうる思想の極点となるはずであった。その意味で「つまらなさ」とは、いわば思想と無思想のせめぎ合いに起きた感性ということができるだろう。しばしば「ニヒリズム」とも称せられるこの「つまらなさ」は、けっして単純な否定的・虚無的感性ではない。

無思想化する働きとしての「つまらなさ」とは、本来「つまって（満ち、達して）いない」ものを「つまっていない」ものとして論断することである。

私は、美空ひばりコマ切れ歌謡を聞いて、もうそれつきりかと云ひたくなる如く、今日、隆々たる名声を得てゐる作家の名作振りの作品についても、もうこれつきりかと云ひたくなるのである。長つたらしいことは徒(いたず)らに長つたらしい現代アメリカ小説を読んでさへ、これつきりかと思ふことがある。大トルストイの作品を読んでさへ、これつきりかと思ふことがある。

（「現代つれづれ草」昭和三二）

「それつきりかと思ふ」個々の事象の積み重ねが、やがては宇宙・人生全体の「つまらなさ」を予想させるのであるが、逆にいえば、宇宙・人生全体の「つまるところ」を過剰に求めることが、その手前の個々の事象の「つまらなさ」を生みだすとも言える。「それつきりかと思ふ」のは、何らかの「それつきり」ならざるものが「それ」以上に求められているところではじめて、「それつきりかと思ふ」ものであろう。どこまでも「それつきり」ならざるものを求める白鳥には、宇宙・人生はどこまでも「つまらない」。宇宙・人生の手前の一こま一こまの襞(ひだ)は捨象され、ひたすら遠くに照準された真相・真実なるものが求められる。「つまりは」人生とは何か、人生の究極は何か、と——。

そして、こうした無思想化への還元が、そのまま同時に、深く遠いところでの思想化への希求を隠し持っているところに、白鳥の、いわゆる散文精神・雑文精神といわれるもののの、一筋縄では行かない奥行き・拡がりがある。(9) そして、その思想化への希求は、より深くより遠くへ馳せられているがゆえに、それは容易に焦点を合わせることができず、像は結ばれてこない。

では、これつきりかと云はせない何を求めているかと云ふと、茫漠として求むる何かがハッキリしないのである。……美空ひばりの唄を聞きながら、えたいのしれないものを求めてゐるらしい。いはれなく悩んでもゐる。そして、読む物聴く物、観る物について、それつきりかと思ふばかりである。(「現代つれづれ草」昭和三二)

あるいは、「その忘れものは捜しやうのないものなのだが、まだ捜さうとする気持は棄てられないでゐる。蕪雑な知識の過重に悩みながらそれを捜さんと、眼を無限の空間に注いでゐる」(「知識の過剰」昭和二八)、とも。

白鳥の求めた、どこにどうあるのかもしれない、こうした「えたいのしれないもの」「捜しやうのないもの」とは、つまりは、何らかの意味で「死を超えた何物か」(前出「欲望は死より強し」)であり、あるいは「自分を永遠の自分として信じ得る境涯」(前出「あの夜の感想」）といった何ものかであろう。それが白鳥にとっては、十全な「つまるところ」であったはずである。

あとでも見るように、白鳥は、もっぱら死の恐怖心からキリスト教に惹かれたのであるが、キリスト教の「最善の神意」は、ともあれそれを与えてくれていた。それが消えたところで、死は生の世界そのものを「つまらなく」してしまうのである。白鳥には、「人間の生命が、この世限りではつまらないといふ思ひが絶えずこびりついてゐた」（「私の文学修行」大正一三）のである。

3　「霊魂の行衛（ゆくえ）」を恐れる

このように、白鳥における「つまらなさ」とは、無思想化する働きと思想化する働きとの、相異なる二つの契機がともに競合しながら作り上げてきたところでの感受性であった。

一方では、あれもこれも観念の遊びごと・絵空事だと、無思想化する自然主義（現実暴露、無理想・無解決）を振りまわし、もう一方では、より深くより遠いところで「死を超えた何物か」「永遠の自分」といったものが追い求められ続けていたということである。いうまでもなく後者の中心には、（青年期の棄教にもかかわらず）つねにキリスト教があった。

白鳥において、この矛盾・対立する二つの働き、契機は、統合して求められることはなかった。たがいを否定しつつも、たがいを残しつつ、なおあるであろう「つまるところ」へと、飽くことなく推し進められている。さきへ、もう一歩さきへと。

こうした姿勢は晩年にまで持ちこまれているのであるが、そうしたなかで、これら二つの項（思想と無思想、真実・実生活と観念・絵空事、自然主義とキリスト教）は、そのせめぎ合いにおいて、ときにそれぞれの項を反転させ、内容を変じせしめてもいる。

たとえば、以下のような〝実生活〟理解にそのことが見てとれる。

実生活は影であり幻であつて、真の事実は天の彼方にあると確信してゐた中世紀の人の考へに私の心は惹かれてゐる。……重んずべきは心霊の生活だけであつた。だから、今日の日本の小説のやうに、自分の煩瑣(はんさ)な日常生活をゴタゴタと書く必要はなかつたのである。自分の個人的行為を長々と語ることは恥とされてゐたのだ。

（「ダンテについて」昭和二）

これが、トルストイ論争で、「実生活を離れて思想があるか」と、実生活の側に立った者の〝実生活〟理解なのでもある。いうまでもなくこれは、自然主義的な私小説のいう実生活ではない。たしかに白鳥は、みずから自然主義をもって任じながらも、「自分の煩瑣な日常生活をゴタゴタと書く」こともなかったし、「自分の個人的行為を長々と語ることは恥と」している。[10]

むろんかといって、白鳥がこうした〝実生活〟を手に入れていたわけではない。ただ「霊魂は地上に於ける巡礼」「この世は一夜の仮りの宿で故郷は彼方にあつた」（同）と信じた中世の人々をうらやみ、「私は思ふ。人間はさうなり切ればそれでいゝのではあるまいか」（同）と言うばかりである。

あるいは、一方では、真実・現実を盾にして、観念の遊びごと・絵空事批判をし続けた白鳥は、以下のように〝観念の世界〟を擁護している。

永遠の生命と云ふのは、宗教心から起った茫漠たる観念である。有るがまゝの人生を直視することこそ、知能すぐれた近代人の志すべきことで、ふるくさい観念に捉はれて、空虚な影を追ふのは愚かであるのだが、終局のわが心の憩ひの蔭は、観念の世界見たいなものではあるまいか。現実がうるさくなると、寝床にまでもぐり込んで、観念の世界に孤独の身心を置くのが、我等老境の慰籍である。（「現代つれづれ草」昭和三一）

むろん、それは、さきの「宗教欲と芸術欲とは、古来人類の心に深く萌している迷妄と云ふべく、宇宙人生の真相をありのままに見ることを妨げているやうに思はれる。……」云々とは、正反対の主張である。「永遠の生命」とか「死を超えた何物か」といったものは、まさにみずから認めていたように「迷妄と云ふべ」きものであろうが、ここでは、それが「終局のわが心の憩ひの蔭は、観念の世界見たいなものではあるまいか」と吐露されているのである。

私は死を超えた何物かを妄想している。泡鳴（岩野泡鳴――引用者註）の晒ふところであらうが、私の頭脳にそれが宿命の如く動いてゐるのを如何ともし難いのである。自分がどうしやうもないのだから、他人に何と批評され、何と説諭されようとどうしやうもないのである。

（「欲望は死よりも強し」昭和二九）

「宿命の如く動いてゐる」という「永遠の生命」「死を超えた何物か」への希求は、じつは白鳥においては、幼少のときから、というより、まさにその幼少のときに、祖母から聞かされた仏教の地獄極楽話の恐怖心が決定的な影響を与えたものだということがくりかえして思い起こされ、確認されている。

幼少の頃の白紙のやうな頭に刻み込まれた知識は一生拭ひきれないものらしいが、人間の霊魂の行衛(ゆくえ)と云つたやうな問題が気掛かりになる癖があつた……。おれの霊魂はどうなるのだと気に病むことがあつた。風邪を引いて少し熱が出た時に、「大きな者が来る」と泣き叫んだので祖母は私を臆病者だと云つてたしなめた。……悪魔（これも適切な言葉がないため、止(や)むを得ず、舶来語を借用するのだ）が、毛むくじゃらの大きな手で私の霊魂を掴(つか)みに来るのを感じたのであつた。

（「根無し草」昭和一七）

以来、ずっと「自分の霊魂の行衛に屈託するのは阿呆(あほう)だと万人に嘲(あざけ)られても、自分一人の心の底では諦められなかつた」（同）というのである。もっともそれは、自分だけでなく、たとえば「浄土宗の開祖法然上人や、天路歴程を書いたバニヤンは、幼少の時から、死の恐怖、来世の暗黒に心を悩まし、居ても立つてもゐられない思ひをしてゐたさうである」（「欲望は死より強し」）とか、内村鑑三が晩年、病気になったときに、「自分は、仏教で地獄極楽の教へを幼年時代につぎこまれたことが、非常な害になつてゐる」と言っていたと、偉大な先哲のうちにもあった同類の事情としても確認している（「人間的救ひを求めて」昭和三二）。

　キリスト教への接近も、「漠然たる来世の不安」から、聖書には死後の「霊魂の行衛がいろいろに書かれてゐるらしい」と思ったからである（「根無し草」）が、白鳥が求めている「永遠の生命」とは、単純な死後の生命の存続それ自体ではない。

　むろん、「それつきりか」という言い方には、死んで無になってしまうという近代的ニヒリズムの恐怖・不安もないわけではない[11]が、より根本的には、死後肉体を失ってむき出しにされた霊魂が永遠に何ものかにさいなまれるのではないかといったたぐいの恐怖・不安が強いところに、その「永遠の生命」如何の特徴がある。

私は、死後永遠に鬼に責められたり、或は地球上には存在しない何かによつて虐められたりする事を空想して、死後の不安を感ずる事がある。……そんな妄想は非科学的で、心の迷ひであると極めてゐるのだが、この頃の自分の信条となりかねまじき有様である。

（「私の信条」昭和二五）

白鳥には、こうした「霊魂の行衛」を論じたものが多いが、「迷妄」という、「霊魂の行衛」そのものを主題とした作品がある（大正一二）。人里離れた茅屋の庵主と奇怪な魍魎との対話という設定で書かれたものであるが、白鳥の、今述べたような微妙な霊魂観の一端をうかがうことができる。

（魍魎）「……全知全能の神が退屈醒ましか気まぐれからか、種々雑多な生き物をつくつて地上に置いて、霊魂といふものまでも植ゑつけて、死後までも永遠に嬲り物にしてゐるのを、お前も今に痛感するやうになるだらう」……

（庵主）「自分で自分の魂を滅さうとしても滅されないとすると、平和を得る道は何処にもないのだらうか。神に盲従してお慈悲を願ふのが一番賢い方法なのだらうか」……

といったような問答をくりかえしながら、最後に、

（魍魎）「お前は自分の有つてゐる筈の魂の亡ぶるのを望んでゐるのか、恐れてゐるのか」

と問いつめられ、「庵主は「さあ返事をしろ」と喉を締められてゐるやうな気がした。……が、どう攻められても、庵主には返事のしやうがなかつた」と、その小品を終えている。

そこには、霊魂の消滅をもって寂静と考えるような霊魂観とはすこし異なる種類の霊魂観をうかがうことができるだろう。あらゆるものを相対化する無思想の還元には、同時に、こうした奇妙な「霊魂の行衛」如何が、いわば、先天的な物差しとして「宿命の如く動いてゐ」たのである。

4 「アーメン」への最後の逡巡

さて、以上の諸点を確認したところで、あらためて、白鳥の臨終帰依の「アーメン」について検証しておこう。

この「アーメン」にいたる具体的経緯については、思想文脈のあるものとして、むろん白鳥自身の書き残したものを中心に考えるが、それと同時に、当時、白鳥の身近にいた人たち（つね夫人、植村環（たまき）、深沢七郎、大岩鉱、後藤亮、その他）の書き残したものが傍証的資料として参考になる。まずはそちらから見ておこう。

白鳥の死に立ち会い、司式を執り行った植村環は、かつて白鳥が洗礼を受けた植村正久の娘で、当時柏木教会の牧師をしていたが、白鳥の死（昭和三七年一〇月二八日）について、その死後、こう述べている。

亡くなられる一週間ほど前のことです。お祈りのとき、私の手を握りしめながら、「国木田独歩は死ぬすこし前、あなたのお父さんをたずねたとき、お祈りしなさいといわれて、ぼくは祈れないと号泣したそうだね」といって私の手を握りながら、私の顔をじっとみつめて「アーメン」といわれました。私は、「先生はいまさら懐疑でもないでしょう」といい、イエスが弟子のトマスにいった言葉「見ずして信ずる者はさいわいなり」、ヘブル書の「それ信仰は望むところを確信し、見ぬものをまことにするなり」とお話しすると、先生は、「私は単純になった。信じます。従います」と安心しきった顔をしておっしゃいました。

（植村環「横目で見続けた人生と文学・明治の文人・白鳥の死とその意味[12]」）

ほぼ同様の報告は、ずっと病床にいたつね夫人（正宗つね「病床日誌[13]」）や深沢七郎（深沢七郎「白鳥の死[14]」）の書いたものにも残っている。が、同時に、同じ病床で白鳥は、「わしは、すべてを捨ててキリストにつくほどの器量ある人間ではない」（正宗つね「病床日誌」）、「聖書の教える行為など実行できないぞ」（深沢七郎「白鳥の死」）ともつぶやいている。

植村環の導きにも、曲折があった。白鳥は、この年の春、四月一日に、植村を訪問し、自分の葬式をキリスト教でと司式を依頼している。

植村は、この突然の依頼には、お気持をよく伺ったうえでと、確約はしていない。その後四月一八日に、こんどは植村が白鳥を訪問する。その日の様子は、白鳥の「感想断片」にこう書かれている。

老婦人Uさんの風貌に接してゐると、故先生の面影がまざまざと浮んで来た。そしてその時私の家に居合はせた数人を前にして、数編の賛美歌が唱へられたが、その一つは、「これは父の愛唱してゐた歌です」とUさんは特にそれに重きを置かれた。キリストに依る永遠の生命が朗(ほが)らかに歌はれてゐるのであつた。それを聴いてゐると、故先生が愛嬢Uさんに命じて死の影に襲はれんとしてゐる老いたる私の所へ行つて、永遠の光を示さうとされたのだ、私は感じた。私は独歩の事を思ひ出した。簡単に直言すると、「あなたのお葬式は私がお引受けします」と老婦人Uさんは無言のうちに、私達に伝へてゐるらしく私は感じた。

（「感想断片」昭和三七）

後藤亮の伝えるところによると、じつはこの日にも司式の確約はなされてはいなかった。当日、文中にもある「家に居合はせた数人」のうちの一人の話として、後藤はこう聞き書きしている。

わたくしがお茶を持って伺いますと、あなたもそこにいらっしゃい、とおっしゃいまして、植村先生が、——聖書の勉強をいたしましょう。どんな偉い作家でも、神さまの前では無力なものです、といって、お祈りをしようとなさいますと、突然、白鳥先生は、黙って立って、外に出て行っておしまいになりました。奥様は、もうすっかり困ってしまって、恐縮しきって、平謝りに謝っていらっしゃいました。

（後藤亮『正宗白鳥　文学と生涯』[15]）

植村環に正久経由の「永遠の光」を感じとり、「「あなたのお葬式は私がお引受けします」と老婦人Uさんは無言のうちに、私達に伝へてゐるらしく私は感じた」と記した、その日の、これも白鳥のふるまいである。この「黙って立って、外に出て行って」しまったというふるまいについては、白鳥は「感想断片」には記していないが、いうまでもなく、かの「私か、私も祈れまい」の逡巡である。

こうしたまま秋になり、膵臓癌で入院し、手術した後の白鳥が、迫りくる死を半月前にして、あらためて深沢七郎に、「もし死んだら、植村環に葬儀のことを頼む。故人の意志ゆえ質素にやってくれと頼んでほしい」と申し出る（正宗つね「病床日誌」）。

数日後、つね夫人と深沢が植村を訪問し、そこではじめて、司式の確約が得られている。その翌日から、植村は毎日のように病床を訪問すること十数回におよんで、そこで、さきに見たように、「私は単純になった。信じます。従います」と、「アーメン」が祈られたのである。

5 「凡人」の境位

白鳥の臨終帰依の「アーメン」は、以上のような微妙な逡巡とためらいをともなったものであったが、以下、そのことを白鳥自身の言葉で確認しておこう。

「感想断片」に書かれた植村訪問の一週間前（四月一二日）に、白鳥は「文学生活の六十年」という最後の講演を行っている。死の半年前になされた、当時の心境をうかがうことができる貴重な講演である。そこで白鳥は、こう語っている。

しかしまあ、いま生きてゐる、今日を生きてゐると、明日は、もう一つの光がさすんぢやないか。……つまり世界はこのまゝでい丶んぢやないか、すべてよろしくできてをるんで、その中でふつうの人のやうなことをして生きてゐるのがい丶んぢやないか、といふやうなことに、よく没頭しさうになるんです。自分で偉さうな考へをもたないで、そこらの凡人と同じやうな身になつたところに、ほんたうの天国の光がくるんぢやないかといふことを感じることがあるんです。

（「文学生活の六十年」）

「もう一つの光がさすんぢやないか」「世界はこのままでい丶んぢやないか、すべてよろしくできてをる」「ほんたうの天国の光がくるんぢやないか」——、白鳥にしては、めずらしくきわめてナイーブな肯定表現である。

この講演では、他にも、「だれか自分の主となるもの、世界で自分の主となるものを求めてゐる。ごく幼稚な考へで求めてゐるやうなところがあるんです」、「さうするとやはり、自分のありがたいものは、キリストのやうな人ぢやないかと思ふことがある」というような文言もある。このあとすぐに、植村に司式を依頼しているのであって、臨終の「アーメン」も、つまりはこの延長で祈られたことはいうまでもない。

しかし、なお問題は、これらの言葉が完全に言い切られているわけではないというところにある。「……といふやうなことに、よく没頭しさうになるんです。自分で偉さうな考へをもたないで、そこらの凡人と同じやうな身になったところに、ほんたうの天国の光がくるんぢやないかといふことを感じることがあるんです」。傍点を附したように、没頭しきっているわけではないし、「そこらの凡人と同じやうな身」になりえたわけでもない。紙一重のところで、そうなりえたということであれば、と想い見られていたものの言いようでもあったということである。

こうした、白鳥の死を前にしてのゆれうごきについては、彼が生涯、何度か取りあげ論じてきているトルストイの小説『イワンイリッチの死』、とりわけ、その末尾についての、彼自身の所論が参考になる。

小説は、平凡な官吏・イワンイリッチが不治の病にかかって、だんだんと心の安定を失ってとりみだし、おそろしい孤独感にさいなまれながら死を迎えるという救いのない過程を描きながら、最後の最後、死の二時間前に一点の光明が与えられている。

——「とつぜん、はっきりわかった」、「死の代りに光があった」、「何という喜びだろう！」、「もう死はおしまいだ」と自分に言って聞かせ、「もう死はなくなったのだ」、と。

こうした小説に、白鳥は、昭和二一年の「文学に於ける「解決」是非」では、「私は、イワンイリッチにすつかり同感し共鳴し、自分が不治の病に罹つたら、彼と同じやうな心境に陥るにちがひないと、悲しくも想像してゐるのだが、最後に不意に転換した彼の光明的心境については、理解の外の感じがするのである。……私には木に竹をついだやうに思はれるのである」と言っている。

この「文学に於ける「解決」是非」という評論は、「解決を欲しながら解決のない作品に妙味を感ずるのは何故であらうか」を問うたもので、さきにも見た思想・無思想のせめぎ合いを論じたものである。つまり、けっして単に無思想を標榜しているのではなく、「「神は愛」だの「人生は愛」だの、「正義」が勝つとか、何とかかとか予定された思想」を拒否しているだけであって、自分もまた「イワンイリッチの所謂「本当のこと」を求めてゐたのだ。……真実を追求して本当の所に達した揚句の思想を求めてゐたのだ」というのである。

が、「『イワンイリッチの死』では、人生の真実追究の最後の思想が、「本当のこと」と云ふよりも、トルストイ好みの空影のやうに感ぜられるのである。人生はトルストイの如き巨人でさへ捉へるには大きすぎるのである。……大抵の解決は早合点の解決であり、大抵の思想は空疎な心の遊びである、と私には思はれるのである」（「文学に於ける「解決」是非」）。

それが、昭和二六年の「読書雑記」あたりになると、「私は、ますます老境に進んでゐるため、『イワンイリッチの死』の如き作品にしみじみ心を惹かれるのであるが、つまりは、世界のどんな作家だつて、真に徹して死を見極める事は出来ないのだ。死後の世界を、地獄とか極楽だの天国だの、永遠の生命とか、何とか幻想して見たつて、それは畢竟心の遊びであるが、しかし、生きてゐる間の人間の心の動きを見極めたら、そこに前生の影も死後の影も映つてゐるのが見えさうに空想される」（「読書雑記」昭和二六）と語られている。

そして、最後の『イワンイリッチの死』論（「現代つれづれ草」昭和三二）では、なお「イリッチの心境はトルストイ好みの反映に過ぎぬのではないか」と言いつつも、かうしてすべて未解決であつた果てに、トルストイはすべての知恵を棄て丶、原始キリスト教の境地に安んずる覚悟をしたのであるか。（「現代つれづれ草」）

とも言っている。さきにも引いた「ふるくさい観念に捉はれて、空虚な影を追ふのは愚かであるのだが、終局のわが心の憩ひの蔭は、観念の世界見たいなものではあるまいか」とは、これを継いで語られたものである。

以上のように、一連の『イワンイリッチの死』論には、白鳥の思想・無思想のせめぎ合いがよく現れていて興味深いが、これらゆれうごく議論から読み取れるポイントは、二点ある。

一つは、死をめぐる真実（「真実を追求して本当の所に達した揚句の思想」）は、つまりは、「世界のどんな作家だつて、真に徹して死を見極める事は出来ないのだ」ということ、もう一つは、それゆえ、死後の世界や永遠の生命などといった考えは、「畢竟心の遊び」であるが、そうだとしてもそれは前生・死後の影のごとく、生きている人間の心に払いがたく映ってくるものである、という二点である。

そして、そのことを確認したうえで、トルストイ（イリッチ）は、「すべて未解決であつた果てに、すべての知恵を棄てて、原始キリスト教の境地に安んずる覚悟をしたのであるか」と受けとめようとしたのである。「トルストイは最後に田舎の百姓と同じに、聖書を信じて死んだ」のだ（「文学八十年」昭和三四）、と。大トルストイ、「巨人」トルストイではなく、「凡人」トルストイにおいて発見した思想ないし無思想である。

ほぼ同様のことは、これまた白鳥がくりかえし論じてきた、内村鑑三をめぐる評論のなかにも見いだすことができる。

内村については、さきに見た最後の講演でも、かつて「私がほんたうに心酔し」た一人として言及しながら、しかし「そのうちに、内村さんの講義に、次第に反抗的になり、疑問がおこつてくるやうになつた。つまり、これも一場の夢で、内村さんのやうな人でも一場の夢を語つたんだと思ふやうになつた」と、アンビバレントに回想していた。

白鳥は、昭和二四年に、力作長編『内村鑑三』を書いている。そこでも、誰にもまして心酔した師として、「内村の筆に成るものはすべて熟読し、その講演は聴き得られる限り聴いた」という青年時代をふり返り、またあらためて読み返しながら、『基督信徒の慰め』、『求安録』、『余は如何にして基督信徒になりし乎』、「非戦論」、「基督再臨説」等々を論じている。が、そのどれを取りあげても、基本的な語り口は同じで、次のようなものである。

筆者内村は、青年時代壮年時代から解決した人生を観じてゐたので、無解決の人生を行きつゞけてゐたのではなかつた筈で幸福な訳であつた。……あの頃の私は、相当真剣に内村によつて示された信仰の境地を憧憬してゐたに違ひなかつた。しかし、つまりはそこに入り切れなかつたのだが、私の勝手に選んだ指導者であつた彼内村は、その言の如く人生を解決し尽したのであつたか。（『内村鑑三』）

内村の信仰（「解決」「観念」「思想」）の内実のあれこれを紹介し、それを憧憬しながら、しかし「つまりはそこには入り切れなかつた」自分の不信（「未解決」「現実」「無思想」）を確認して、そこから立ち帰って、内村もまた「その言の如く人生を解決し尽したのであつたか」と疑念をいだく。


――「彼内村は本当に頭脳の奥底に於て、さう信じ切つてゐたのであらうか」、「完全に慰めを得てゐたであらうか」、「それは一時の気休めに過ぎなかつたのではなかつたか」、「安んじてさう信じてゐたのであらうか」「心魂に徹して信じてゐたかどうか」等々、と。

全編、こうした確認と疑念のくりかえしに終始している。

が、論の終わりにきて、白鳥はこう述べている。内村が重病で臥(ふ)したときに、みんなは「大先生は人生の事は悉(ことごと)くご存知であ」ろうからと、誰一人、精神や信仰上の慰藉を与えてくれなかったと「寂寥(せきりょう)堪(た)へられぬ思ひ」をしていたとき、「或老姉妹が訪問してくれて、重病に罹つた時の、信仰維持の途を教へてくれて、本当に有難かつた。……今日始めてこの喜びに接して、限りなき感謝を禁じ得なかつた」という、ある日の日記を紹介しながら、次のようにその内村論を閉じているのである。

> 人間誰しも自分の経過しない事は分らない。死に到る道は、死に到つてから分るので、どんな大先生にも予め分つてゐる訳ではないのである。内村全集を読み、日記の終りに於て、かういふ感想の告白に接し、私は新たに人生の不思議に思ひを馳せたのである。人生の教師としての内村鑑三先生も、古稀の歳まで、かういふ平凡な真理に気づかなかつたのであるか。私はかういふ所を読んで、この先輩に対して新たな親しみを覚えるやうになつたのである。預言者としてでもなく、先覚者としてでもなく、凡人内村として親しみを覚えるやうになつたのである。人間の預言や先見は、要するに、当るも八卦当らぬも八卦と云つた程度で、高の知れたもので、自分の経験しない事は、つまりは不可解なのである。
>
> （『内村鑑三』）

「死に到る道は、死に到つて分る」、「自分の経験しない事は、つまり不可解なのである」

という「平凡な真理」しか知りえない「凡人内村」を見いだし、そこに「親しみを覚えるやうになつた」というのである。すでに見たトルストイの場合と、基本的に同じ受けとめ方であろう。

あらためて白鳥にもどって確認しておくならば、最後の講演の言葉、「自分で偉さうな考へをもたないで、そこらの凡人と同じやうな身になつたところに、ほんたうの天国の光がくるんぢやないか」もまた、以上のように論じてきた白鳥のものでもある。「つまり不可解なのである」という「平凡な真理」しか知りえない「凡人」を引き受ける姿勢は、単なる不可知論の相対主義ではない。それは、不可解を不可解のままに、ある種の絶対への憧憬を保留した、ひとつの「あきらめ」（真理と断念）ともいうべき姿勢である。[16]

つまり、「ほんたうの天国の光」とは、そうしたところで想い見られた〝夢〟としか言いようのないものである。「凡人」は、どんなに曖昧で不徹底であれ、自分の夢見た死を死ぬ以外にないのである。

しかしそれは、いかに夢とはいえ、自分が恣意的に作ったり壊したりすることのできる質のものではない。先述したように、「死を超えた何物か」を夢見るのは、「畢竟心の遊び」だとしても、それは自分でも「どうしやうもないのだから、他人に何と批評され、何と説諭されようとどうしやうもないのである」（「欲望は死より強し」）。

それは、自分にもいかんともしがたいところからの要求としてあるという言い方もできる。その意味では、それはいわば、自分の見る夢であると同時に、自分を超えた「何物か」に見させられた夢ということもできるだろう。[17]「凡人」とは、そのことを受け入れる人間のことである。

白鳥にとってその夢はキリスト教というかたちをとったのであるが、それは、こう語られるような夢でもあった。

……いろんな理窟はあるだらうけれども、つまりそれはキリストが、最後に救つてくれるといふことだ。どんなことを自分が一生したとか、そんなことはどうでもいゝ。キリストは最後には雌鶏がヒナをかばふように自分のふところに入れてくれる。さういふことをずつと考へてゐる。

（「文学八十年」昭和三四）

最後の「アーメン」は、こうした夢として祈られたのであろう。確乎たる信仰を持ちえなかったその祈りは、おそらくは「衷心に湧かざる祈祷」であったかもしれないが、ここでは、「そんなことはどうでもいゝ」、衷心に湧こうが湧くまいが、こちらのあり方は一切問わずにキリストは「救ってくれるということ」なのである。それが白鳥の夢なのであり、彼はそうした夢を夢見ながら死んで行ったのである。「霊魂の行衛」はそうした夢において答えられた。それはむろん思想ではないが、また単なる無思想でもない。

V

「死は前よりしも来(きた)らず、かねて後(うしろ)に迫れり」

――『徒然草』の無常理解

1 「死は前よりしも来らず、かねて後に迫れり」

これまで、何人かの思想家・文学者の死の考え方や死に際でのふるまいについて見てきた。そこでは、魂や神仏など、何らかの超越的な存在との関わりのあり方が主題になってきていたが、それと同時に、たとえば、「魂のみなあわとのみ譬へられ」（『赤人集』）、「天地万物を流れる力の一つの形容詞に過ぎない」（川端）、「無常観を基礎とした諦念」（磯部）、「一のスピリットと無常」（西田）、「要するに悉、逝けるなり！」（独歩）、「つまらない」（白鳥）、等々といったように、ある種の無常観のようなものが底流にはずっと問われていたように思う。

そこで、この最後の章では、兼好法師の書いた『徒然草』をとりあげて、その無常観とその受けとめ方について考えておきたい[1]。『徒然草』は、私にとっては卒業論文で論じて以来、なお宿題のひとつである。ここでは、まず無常観や、それゆえの「つれづれ」というあり方を確認したうえで、『徒然草』でくりかえされる「大事を思ひ立たん人は」とか「命を終ふる大事」、「一の大事は成るべからず」といった「大事」という考え方に焦点をしぼって考えてみることにしよう。そのことによって、兼好が死をどう捉え、それをふまえどう生きたかを検討し、これまでの議論とつなげて考えてみたい。

『徒然草』の無常観は、まずもって、人間の生き死にの、あるいは生老病死の、とりわけ、老と死の移り行きのはやいこと、あっけないことを意味している。

たとえば、一五五段で兼好は、人間の生老病死を四季の移り行きに重ねて、こう述べている。

> 春暮れてのち夏になり、夏果てて秋の来るにはあらず。春はやがて夏の気を催し、夏より既に秋は通ひ、……生老病死の移り来る事、又これに過ぎたり。四季はなほ定まれるついであり。死期はついでを待たず。死は前よりしも来らず、かねて後に迫れり。
>
> （一五五段[2]）

――春が終わって夏が始まるのではない。春のなかにはすでに夏が始まっており、秋もまた夏が終わってから来るのではなく、夏のうちに秋は通い始めている。われわれの生老病死もまた同じで、生というものがあって、その生の向こう側に死があるというのではない。春のうちにすでに夏が始まっているように、生のうちに死はすでに始まっている。しかも季節の移り行きには決まった「ついで（順序）」というものがあるが、われわれの死期は「ついで」を待たない。死は前からだけ来るものではなく、かねてから後ろに迫っているのだ。

いつか死ぬ、向こう側に死があるのではなく、死はすでにして背後に貼りついているのだ、というのである。単純な時間的な速さだけでなく、死は生の内に、すでに始まっているという認識である。

一六六段では、人間のやっていることを見ていると、ちょうど春の日に雪だるまをつくって、それに金銀珠玉の飾りを施し、それを安置するための御堂をつくろうとしているようなものだと言う。

人の命ありと見るほども、下より消ゆること、雪のごとくなるうちに、営み待つ事甚だ多し。（一六六段）

――春の日の雪だるまが下からすこしずつ溶けだすように、生きているということは、もう死に始めているということだ。にもかかわらず、われわれは勤め励んで何かを期待していることが何と多いことよ。

同じような喩えで、一三七段では、命というのは、小さな穴の開いた器(うつわもの)に水を入れておいたときのようなもので、滴(したた)るのはわずかのように見えるけれども、たえず漏れ続けて、いつの間にか空になってしまうようなものだと説かれている。そして、そのあとで兼好は、こう結論づけている。


思ひかけぬは死期(しご)なり。今日まで遁(のが)れ来にけるは、ありがたき不思議なり。(一三七段)

――思いがけなくやってくるのは死期である。今日までのがれて、生きていること自体、「ありがたき不思議」なのだ。

「ありがたし」とは、原義に近い「有り難し」、「ありにくし」で、「あり」ではあるが、それは難しく、いつでも「なし」に転じうるものとして、なお「あり」であるということである。「ありがたき不思議」とは、そうでありながら、今ここにこうして生きていることの幸運・貴重を感じとるという意味でもある。

こうした、「死は前よりしも来らず、かねて後に迫れり」「ありがたき不思議なり」という考え方は、全編にわたって何度もくりかえし説かれている。


身を養ひて何事をか待つ。期する処、ただ老と死とにあり。その来る事速かにして、念々の間にとどまらず。是を待つ間、何の楽しびかあらん。惑へる者はこれを恐れず。名利におぼれて先途の近き事を顧みねばなり。愚かなる人は、またこれを悲しぶ。常住ならんことを思ひて、変化の理を知らねばなり。　（七四段）

――あくせくと走りまわって、人はいったい何を待っているのか。ただ老と死を待っているにすぎないではないか。惑える者はこのことを恐れない。それは、名利におぼれて、老と死がすぐにやって来ることを顧みないからである。また、愚かなる人はこのことを悲しむ。常住ならんことを望んで、変化の理というものを知らないからである。

仏教とは、すぐあとで見る『一言芳談』のように、何かしらの意味で常住ならんことを願う（極楽浄土とはまさに常住の世界である）ものであるが、兼好の考え方は、それらとすこし違うということである。

むろん兼好も、無常をふまえ、「仏道を勤むる心」に言及している。

> 人はただ、無常の身に迫りぬる事を心にひしとかけて、つかのまも忘るまじきなり。さらば、などかこの世の濁りも薄く、仏道を勤むる心もまめやかならざらん。「昔ありける聖は、人来りて自他の要事をいふ時、答へて言はく、今火急の事ありて、既に朝夕に迫れりとて、耳をふたぎて念仏して、つひに往生を遂げけり」と、禅林の十因に侍り。心戒といひける聖は、あまりにこの世のかりそめなる事を思ひて、静かについゐけることだになく、常はうづくまりてのみぞありける。
> （四九段）

無常とは、ここでは端的に死のことである。その「無常の身に迫りぬる事を心にひしとかけて、つかのまも忘」れてはならない。そうすれば、どうしてこの世への未練・邪念も薄くなり、仏道に励もうとする真摯な気持ちも起こってこないことがあろうか、と。

そう言ったあとで、二人の聖のエピソードを、兼好は論評ぬきで紹介している。

——昔、ある聖は、人が来てあれこれの用事を言ったときに、いま火急のことがあって、それはもう今朝、夕方に迫ってきていると耳をふさいで念仏して遂に往生をとげた。また心戒という聖は、あまりにこの世のかりそめなることを思って、ゆったりと安座することなく、いつもうずくまっていたということだ。

これらの聖たちは、まさに「ただ、無常の身に迫りぬる事を心にひしとかけて、つかのまも忘」れなかった人たちである。彼らは「この世の濁りも薄く、仏道を勤むる心もまめやか」な人たちであって、それは、兼好が、そこからいくつかの文章を「心にあひて覚えし（なるほどと同感した）ことども」として『徒然草』に引用している『一言芳談』の僧たちのあり方でもある。

『一言芳談』からの引用は九八段で、たとえば、「後世を思はん者は、糂汰瓶（糠味噌瓶）一つも持つまじきことなり」「遁世者は、無きに事欠けぬ様を計らひて過ぐる（何も持たないのを不足と思わないようにして暮らす）、最上の様にてあるなり」「仏道を願ふといふは、別の事なし。暇ある身になりて世の事を心にかけぬを第一の道とす」といった、ひたすらに後世を願い、この「世の事を心にかけぬ」という注意、決意である。

小林秀雄は、『無常ということ』[3]において、『一言芳談』から、「生死無常の有様を思ふに、此世の事はとてもかくても候。なう後世をたすけたまへと申すなり、云々」の文章を引いて、「この文を「徒然草」の内に置いても少しも遜色はない」と述べている。たしかに、「遜色はない」かもしれないが、主張の中身にはすこし違いがある。

つまり、『徒然草』には、『一言芳談』や四九段の二人の聖のように、「此世（このよ）の事はとてもかくても候。なう後世をたすけたまへ（この世のことはどうでもいい、何とか後世を助けてください）」と、ひたすら後世や仏道に向かうのとは、かならずしも同じではない主張や位相があるのであり、その、すこし違う、その「すこし」をどう捉えるかが、大切なポイントになるように思う。

2　「つれづれ」ということ

一二四段は、こういう話である。

是法（ぜほう）法師は、浄土宗に恥ぢずといへども、学匠を立てず、たゞ、明暮念仏して、安らかに世を過ぐす有様、いとあらまほし。（一二四段）

——是法法師は浄土宗の名に恥じない立派な人だったけれども、学者ぶらずに、ただ明け暮れ念仏して安らかに世を過ごしている、そのあり方は、たいへん好ましい。

この是法法師は歌人でもあったが、いわゆる土倉（一種の質屋、金融業、不動産業）でもあったことが指摘されている。[4] そうした指摘もふくめて、「明暮念仏して、安らかに世を過ぐす有様」というのは、『一言芳談』の語り手や四九段の聖のような、耳をふさいで安座することもなく、というのとはすこし違うと言わざるをえない。大事なことは、「明暮念仏」をして、「安らかに世を過ぐす」であって、「此世の事はとてもかくても」ではないということである。

四一段は、競馬見物をしようと、木に登ってそこで居眠りをして落ちそうになっている人を見て、みんなが嘲ったときに、いやいや、「我等が生死の到来、ただ今にもやあらん。それを忘れて物見て日を暮らす、愚かなる事はなほまさりたるものを」と言って感心されたという話である。

ここでも、前提の認識としては、無常＝死というものを心にひしとかけているが、そのうえで実際に兼好がやってるのは、まわりの人たちと一緒に競馬を見るということであった。この発言のあと、自分の言ったことに感心した人たちがつくってくれた場所に入り込んで、日がな一日競馬を見ていたであろうことがうかがえる。

つまり、兼好は、見てきたようなきびしい無常観を説きながら、けっしてひたすらな修行なり信仰なりへと突き進むのではなく、こうして競馬や祭りを見たり、色好みを論じたり、有職故実を考証したり、住居や季節をめでたりしながら、「安らかに世を過ぐす」ことを心がけていたということである。それが「つれづれ」ということであった。

つれづれわぶる人は、いかなる心ならん。紛るる方なく、たゞ一人あるのみこそよけれ。世に従へば、心、外の塵に奪はれて惑ひやすく、人に交はれば、言葉よその聞きに随ひて、さながら心にあらず。人に戯れ、物に争ひ、一度は恨み、一度は喜ぶ。その事定まれる事なし。分別みだりに起こりて、得失やむ時なし。惑ひの上に酔へり。酔の中に夢をなす。走りて忙がはしく、ほれて忘れたる事、人皆かくのごとし。いまだ誠の道を知らずとも、縁をはなれて身を閑にし、ことに与らずして心を安くせんこそ、暫く楽しぶとも言ひつべけれ。（七五段）

「つれづれ」とは、世に従わず、外の塵に心を奪われ惑わされることなく、「ただ一人ある」あり方である。それは、世に従うことによって、戯れ、争い、恨み、喜び、また、得したとか損したとか、惑い、酔い、忙しく走りまわるといった人生の送り方の否定である。それは、かならずしも「誠の道」を知らないとしても、「縁をはなれて身を閑にし、ことに与らずして心を安く」することであり、そうすることによって、「暫く楽しぶ」ことのできるあり方である。

「つれづれ」とは、一種の空白状態である。暇であり、所在なさであり、手持ち無沙汰、退屈、遊びである。が、単なる無目的ではない。ひたすら定められた目的のために今この時を手段として考えるのではなく、今ここでやろうとすること自体が目的となるような自己充足的なあり方である。

『一言芳談』の僧たちの信じた浄土教とは、この世でのひたすらな遁世・信仰によって、あの世での往生極楽を目指すものである。この世のことはどうあれ（此世の事はとてもかくても）、彼らの真の目的は、あの世・来世での安楽に定められている。一方「つれづれ」の兼好が求めているのは、今ここでの競馬や祭りを「暫く楽しぶ」ことであり、はるか彼方の極楽ではない。

「いまだ誠の道を知らずとも、縁をはなれて身を閑にし、ことに与らずして心を安く」するという「暫く楽しぶ」とは、かならずしも、ものごとの結果・完遂を追い求めず、静かに移り行く経過をそれとして自体として楽しもうとすること、しかも、それらをある距離をもって楽しもうとすることである。

一九段の「折節の移り変はるこそ、ものごとにあはれなれ」も、有名な一三七段の「花は盛りに、月は隈なきをのみ見るものかは。……咲きぬべきほどの梢、散り萎れたる庭などこそ、見所多けれ」も、満月や満開にだけしがみつくのでない、無常の移り行く経過をそれ自体として楽しもうとする態度である。

自然現象だけではない。「万の事も、始め終りこそをかしけれ」と、男女の情けの移り行きはうまく行っているときにかぎらず、会えずに辛がっていたり、むなしい約束を嘆いて「長き夜を一人明か」すことも、また情緒あるものだ、と。祭りの見物も同様で、行列が通るときだけいっせいに我れ先に争って見るのではなく、祭りの日の明け方や夕暮れの様子なども味わい深いものだと言う。頻出する「あはれ」「をかし」「おもしろし」「いみじ」も、そうしたところでの情緒である。

移り行く経過だけではない。「雨に向ひて月を恋ひ、たれこめて春の行方知らぬも、なほあはれに情けふかし」(一三七段)という、「幽玄」や「秘すれば花」につながる間接

美・不完全美もまた、『徒然草』の美学である。(5)

よき人は、ひとへに好ける[すける]さまにも見えず、興ずるさまも等閑[なおざり]なり。片田舎の人こそ、色こく、万[よろず]はもて興ずれ。（一三七段）

――「よき人」は、むやみに好みを表さず、興ずる様子も通り一遍である。「片田舎の人」こそ、すべてにわたって、しつこく興じようとするのだ。

それもこれも、無常ゆえの態度だと、一三七段では、こうした議論に続けて、先に紹介した「大きな器[うつわもの]に水を入れ、細き穴をあけたらんに……」の比喩で、「思ひ懸けぬは死期なり。今日まで遁れ来にけるは、ありがたき不思議なり」へと話をすすめているのである。

つまり、こうした美や情緒は、「死は前よりしも来らず、かねて後に迫れり」という「無常の身に迫りぬる事を心にひしとかけて、つかのまも忘」れないところで発見されてきたものだということである。

3 「たしなむ」ということ

こうした、経過そのものや、対象への間接的な抑制のきいた楽しみ方は、『徒然草』全体に見られるが、それは、やまと言葉の「たしなむ」という言葉の語感に近い。「たしなむ」は、あとでも見るように、『徒然草』でも微妙な語感にしたがって使われているし、全体の行論にも関わるので、すこしたちどまって見ておこう。

「たしなむ」という言葉は、辞書では、①「好んで精を出す。心がけて励む」、②「心がけて用意する」、③「慎む。さしひかえる」（『学研全訳古語辞典』[6]）といった語義が挙げられている。

①「好んで精を出す、心がけて励む」は、対象に好んで関わり、親しみ、励むことである。これらはいずれも、みずからの欲求・欲望を表している。「嗜む（たしなむ）」と訓ぜられる漢字「嗜」は、「老（としより）に旨（うまい）の会意文字で、長く年がたって深い味のついた意を含む。…嗜は「口＋耆」で、深い味のごちそうを長い間口で味わうことの意である（『漢字源』）。まさに、嗜好品（しこうひん）というときの「嗜」の意味である。「たしなむ」の基本には、

まずはこうしたみずから好むという欲求・欲望が前提されている。が、②「心がけて用意する」、③「慎む。さしひかえる」は、欲求とは逆に、みずから用心・用意をして節制・抑制するという意味である。ここには載せられていないが、下二段活用動詞「たしなむ」では、それらが他人に向かい「つつしめ、用心せよ」と忠告するときに使う言葉である。

　このように、「たしなむ」という言葉には、欲求と節制（エロスとモラル）という、ほぼ逆向きの意味内容が一語に込められているところに、その特徴がある。欲求と節制はたがいに別事としてあるのではない。たがいがたがいのあり方を規定し合って、まさにほどよい加減なところに、この言葉の微妙で不思議な味わいがある。

「たしなむ」という言葉の、欲求と節制のほどよい加減は、その対象が、たとえば「お茶をたしなむ」「書をたしなむ」といったような一定の品や格のある趣味や習い事に限定されているところにも示されている。「賭博（とばく）をたしなむ」「花札をたしなむ」とは言わない。「たしなむ」のは、それらを好んで楽しみながらも、おのずと節制のきいた「たしなみ」が身につくもののようなものとして営まれるのである。

『徒然草』が何度も取りあげている「酒をたしなむ」のも、そのような飲み方のかぎりであって、浴びるほど飲んだり、酒乱になったりするのは、「たしなみ」がない飲み方になってしまう。たしかに「下戸ならぬこそ、男はよけれ」（一段）なのであるが、しかし、過ぎてはだめだと、飲酒でしでかした失態のあれやこれやが力を込めて書きつけられている。

また、対象が高尚なものであっても、それを一心不乱に、まなじりを決して努めたり励んだりするというのは、「たしなむ」という語感にそぐわない。つまり、「たしなむ」の励む・努めるは、無理して我慢してといった、いわゆる刻苦勉励の意味ではない。そのこと自体を「好みながら励む」ところに、あるいは「励みながら好む」ところに、この言葉の独特の含意があるのである。だからこそ長続きもするし、またおのずと一定の上達もするのである（「好きこそ物の上手なれ」）。

一五〇段で、兼好は、こう述べている。

……天性、その骨なけれども、道になづまず、濫りにせずして、年を送れば、堪能の嗜まざるよりは、終に上手の位に至り、徳たけ、人に許されて、双なき名を得る事なり。

（一五〇段）

――天性の素質などなくても、難渋せず、また自分勝手なやり方をせずに年月を送っていけば、天性の才能に恵まれて器用だけれども、たしなまない人よりも、ついに上手の域に達して、人徳も高まり、人からも認められるようになり、ならびなき名声を得ることにもなる。

ここで「たしなむ」とは、「なづまず、濫りにせずして、年を送る」ことである。「なづむ」とは、「一つのことにとらわれて悩む、こだわる」ことであり、「濫りに」とは、むやみやたらに、自己流に、わがまま勝手に、ということである。そのようなことなく「年を送る」ことができるような関わり方が「たしなむ」ということなのである。

『徒然草』では、くりかえし、「むさぼり」「あからめもせず（脇目もふらず）」「ひとへに好ける（一途に執着する）」「色濃く興ずる」ことが否定され、「よそながらに」「さりげなく」「入りたたぬ（どっぷりと入りこまない）さまにて」と、対象にほどよく関わることが称揚されているが、「たしなむ」とは、まさにそうした美学に合致する姿勢でもある。

『徒然草』の言う「よき人」とは、たとえば、こういう人のことである。

「雪の面白う降りたりし朝」に、ある人に手紙をやったが、その雪のことには何もふれなかったところ、その返事に、「この雪をどう御覧になったかと一筆もお書きにならないような方のおっしゃることなんか聞き入れられません。返す返すも残念なお心ですね」と言われた、という今は亡き女性（三一段）。彼女の見せた「たしなみ」を懐かしく思い起こして書いている。

あるいは、客が帰ったとき、玄関の戸をすぐにピシャリと閉めてしまうのではなく、しばし月などを見る様子で客が遠ざかってから閉めた主の女性（三二段）。「かやうの事は、ただ朝夕の心遣いによるべし」。こうした「たしなみ」は、日頃の心遣いによるもので、一朝一夕の付け焼き刃で身につくふるまいではないとも言っている。

4 「万事に換へずしては、一の大事成るべからず」

以上はすべて、「死は前よりしも来らず、かねて後に迫れり」という「無常の身に迫りぬる事を心にひしとかけて、つかのまも忘」れないところでのふるまい、態度、用心、心がけである。「つれづれ」であることの「暇」によって、「暫く楽しぶ」ところでのあり方である。それが、『一言芳談』の僧や四九段の聖たちとの違いであった。

しかし、『徒然草』には、こうした抑制のきいたほどよいあり方とは異なる、ややもすれば、『一言芳談』の僧たちの主張とまがうばかりの、高く激昂した調子で説かれる十数段ほどの無常論の一群がある。

たとえば、一八八段。

されば、一生の中、むねとあらまほしからん事の中に、いづれか勝るとよく思ひ比べて、第一の事を案じ定めて、その外は思ひ捨て、、一事を励むべし。一日の中、一時の中にも、数多(あまた)の事の来らん中に、少しも益の勝らん事を営みて、その外をば打ち捨て、、大事を急ぐべきなり。何方(いずかた)をも捨てじと心に取り持ちては、一事も成るべからず。……一事を必ず成さんと思はば、他の事の破るゝをも傷(いた)むべからず、人の嘲(あざけ)りをも恥づべからず。万事に換(か)へずしては、一の大事成るべからず。（一八八段）

一生のうちにはこれはぜひやり遂げたいと思うもののなかからどれが「第一の事」かをよく見きわめ、選び、それ以外はすべてうち捨てて、その「一事」「大事」に励むべきである。万事にかえてそうしなければ、「一の大事」は成就しないというのである。

以下もまた、すべて同じような主張である。

大事を思ひ立たん人は、さりがたく心にかからんことの本意(ほい)をとげずして、さながら捨つべきなり。（五九段）

――「大事」を思い立った人は、どんなに捨てがたいことがあったとしてもそれらを果たそうとすることはやめ、すべてを捨て去るべきだ。

一生は、雑事の小節に障(さ)へられて、空しく暮れなん。日暮れ、道遠し。吾が生、既に蹉(さ)蛇(だ)たり。諸縁を放下(ほうげ)すべき時なり。（一一二段）

――一生はあれこれの雑事に邪魔され続けて、むなしく終わってしまう。日暮れて道は遠い。我が生はすでにつまづいている。すべての縁を放下すべき時だ。

所願を成じて後、暇ありて道に向はんとせば、所願尽くべからず。……直(ただち)に万事を放下

して道に向ふ時、障（さわ）りなく、所作なくて、心身永く閑（しず）かなり。（二四一段）

――願うところが成就して暇になってから道に向かおうとしても、願うところは次々と尽きない。……ただちに万事を放下して道に向かえば、障害もなく、何もしないでも、心は永く閑かに生きられる。

いずれも、「大事」「一事」「一の大事」というものを選び、万事を捨てそのことにただちに向かえと説くものである。むろん、老いや死の「無常の来る事は、水火の攻むるよりも速かに、遁れがたきもの」（五九段）だからである。

すでに見たように、「つれづれ」であることの「暫く楽しぶ」も同じ前提ではあったが、ここでの言い方は、それよりは、格段にトーンが高く、緊張の度合いが違う。「万事に換へずしては、一の大事成るべからず」「日暮れ、道遠し。吾が生、既に蹉蛇（さだ）たり。諸縁を放下すべき……」の主張と、「雪の面白う降りたりし朝……」や「万にいみじくとも、色好まざらん男はいとさうざうし（物足りない）」（三段）、「家の造り様は夏を旨（むね）とすべし」（五五段）、等々といった趣味・所感のあり方では、相当異なる感触がある。この違和をどう考えればいいのだろうか。

そもそも兼好にとって、「大事」「一の大事」とは何なのか。じつは『徒然草』には、「大事」という言葉が、あれこれ多用されており、そこから見ておく必要がある。

たとえば、「貪る事の止まざるは、命を終ふる大事、今こゝに来れりと、確かに知らざればなり」（一三四段）、「人の終焉のありさまの……この大事」（一四三段）は、人には死・終焉という「大事」があることを言い、また、「（人の）生・住・異・滅の移り変はる、真の大事は猛き河の漲り流るるがごとし」（一五五段）では、奔流のごとき移り変わる無常の流れ自体を「大事」と捉えている。また、「人の身に止むことを得ずして営む所、第一に食ふ物、第二に着る物、第三に居る所なり。人間の大事、この三つには過ぎず」（一二三段）では、そうした人の、生きるに最低限必要なものを「大事」と言っている。

万事を捨てて「大事」に向かえというとき、こうした、人の生に否応なく迫りくる「大事」をふまえて、という前提はあるが、そうしたことを確認したうえで、やはり、その「大事」には、どうしても、次のような意味合いを無視することはできない。

人事多かる中に、道を楽しぶより気味深きはなし。これ、実の大事なり。一度、道を聞

きて、これに志さん人、いづれのわざか廃れざらん、何事をか営まん。（一七四段）

——人事多いなかに、道を楽しむことより意義深いものはない。これ、まことの大事である。一度、道を聞いて、これを志す人は、その他のあらゆることをやめてしまい、何事も営もうとしないだろう。

ここでの「道」には、仏道という道をぬきに考えることはできない。さきの「暫く楽しぶ」という言い方も、「いまだ誠の道を知らずとも、縁をはなれて身を閑にし、ことに与らずして心を安くせんこそ、暫く楽しぶ」と、「誠の道」という仏道が念頭にあった。「万事に換へずしては、一の大事成るべからず」と言った一八八段もまた、文末は、かようにして「一大事の因縁をぞ思ふべかりける」と閉じている。「一大事の因縁」とは仏教語であり、仏道に入って悟りを開く因縁というものを心に深く思うべきであるというのである。

つまり、問題は、ふたたび、仏道なるものの受けとめ方如何ということになってこざるをえない。ともあれ、出家隠遁者であった兼好が「大事」ということを語るにおいては、どうしても仏道を射程においていたといわざるをえないのであるが、では、それは『一言芳談』の僧たちがその修行・信仰にひたすらになっているのとどこが同じで、どこが違うのだろうか。

あらためて、一八八段の「一事を必ず成さんと思はば、他の事の破るゝをも傷むべからず、……万事に換へずしては、一の大事成るべからず」以下の文章を引いてみよう。

人の数多ありける中にて、或者、「ますほの薄、まそほの薄など言ふ事あり。渡辺の聖、この事を伝へ知りたり」と語りけるを、登蓮法師、その座に侍りけるが、聞きて、雨の降りけるに、「蓑・笠やある。貸し給へ。かの薄の事習ひに、渡辺の聖のがり尋ね罷らん」と言ひけるを、「余りに物騒がし。雨止みてこそ」と人の言ひければ、「無下の事をも仰せらるゝものかな。人の命は雨の晴れ間をも待つものかは。我も死に、聖も失せば、尋ね聞きてんや」とて、走り出でて行きつゝ、習ひ侍りにけりと申し伝へたるこそ、ゆゝしく、有難う覚ゆれ。……この薄をいぶかしく思ひけるやうに、一大事の因縁をぞ思ふべかりける。（一八八段）

——大勢の人がいたなかで、ある者が、「ますほのすすき、まそほのすすきと言うことがある。渡辺の聖がこのことについて伝え聞いて知っている」と語ったのを、その場にいた登蓮法師が聞いて、雨が降っていたので、「蓑と笠はありますか、貸してください。そのすすきの事を習いに、今から渡辺の聖のもとへ行って参ります」と言った。が、「あまりに気ぜわしいことだ。雨がやんでからにしなさい」と人々が言ったので、「とんでもないことをおっしゃいますね。人間の命は雨の晴れ間をも待つものですか、私が死んで、聖も死んでしまえば、尋ね聞けましょうか」と言って、走り出て行って、習ったと申し伝えていることこそ、すばらしく、めったにないことと思う。……登蓮法師がこのすすきを知りたく思ったように、仏道の悟りを得るという大事な因縁を心に深く思うべきである。

「この薄をいぶかしく思ひけるやうに、一大事の因縁をぞ思ふべかりける」は、「ますほの薄、まそほの薄」の不審をそこですぐに聞きに行ったように、「一大事の因縁」を思うべきだというのであるが、そこですぐに聞きに行こうとすることは、単に仏教の「一大事の因縁」を思うあり方を引きだす比喩だけではなく、すぐに聞きに行くことそれ自体が、それに近似の尊さがあると受けとるべきだろう。

この直前の文章も同趣旨である。

——京に住んでいる人が東山に急用ができて出かけ、すでに東山に着いていたとしても、西山に行った方が利益があると思いたったならば、すぐにそこから西山に急ぐべきなのだ。「ここまで来たのだから、まずこの用事を済まそう。西山のことは日時が決められていることでもないのだから、家に帰ってから考えよう」などと思ってしまう、そんな一時の心の懈怠（おこたり）が一生の心の懈怠になってしまう。このことをこそ、恐れるべきだ。

ここで説かれていることの力点は、今ここで思い立ったことを、そこですぐにやること、そのこと自体が「一大事」ということであり、かならずしも仏教の「一大事」に向かう心がけの喩えではない。さきの「大事を思ひ立たん人は、さりがたく心にかからんことの本意をとげずして、さながら捨つべきなり」（五九段）の「大事」もまた、そう考えることもできる。

弓矢を射るのに、二本あると思うと、一本外れてももう一本あるからと、「懈怠の心」が生じてしまう、「何ぞ、たゞ今の一念において、直にする事の甚だ難き」と、九二段では説いている。それはかならずしも、仏道修行だけの用心ではない。今ここを生きる生き方の用心としての「大事」である。ときおり説かれる達人・名人の心がけでもあろう。「寸陰惜しむ人なし」という一〇八段の主張も、同じように理解することができる。

道人は、遠く日月を惜しむべからず。たゞ今の一念、空しく過ぐる事を惜しむべし。もし、人来りて、我が命、明日は必ず失はるべしと告げ知らせたらんに、今日の暮るゝ間、何事をか頼み、何事をか営まん。我等が生ける今日の日、何ぞ、その時節に異ならん。

（一〇八段）

――「道人」は、将来やってくるであろう、その時までの時間を惜しむな。ただ今の一念が空しく過ぎることを惜しむべきだ。もし人が来て、私の命は明日かならず失われると告げ知らせた場合、今日が終わるまでの間、何事を頼み、何事を営もうとするだろうか。我等が生きている今日という日も、これとどう違うと言えようか。

「たゞ今の一念、空しく過ぐる事を惜しむべし」とは、「我等が生ける今日の日」が明日にも失われるかもしれないから、「寸陰」を惜しめと言っているのである。そのことが「大事」なのである。

ここでの問題は、「道人」をどうとるかであるが、それもかならずしも仏道修行をする人と限定されるものではない。そのことを考えるうえでも、この段の結文は興味深い。

光陰何のためにか惜しむとならば、内に思慮なく、外に世事なくして、止まん人は止み、修せん人は修せよとなり。（一〇八段）

寸陰、光陰は何のために惜しむかと言えば、内にあれこれの思慮分別もなく、外にいろいろ煩わしい世事もなくして生きることができるからだと、それを受けて、「止まん人は止み、修せん人は修せよとなり」というのである。

昔から議論のある文章であるが、文脈に素直に読めば、光陰を惜しむ生き方において、人は「内に思慮なく、外に世事なくして」生きうる、だから、それらをなくしてそれですむ人はそれらをやめ、また、修行しようとする人は修行すればよい、と読める。[7]

みずからもふくめて人のあり方はそれぞれだという、ある種の保留・振幅のうちでの「寸陰を惜しめ」であって、何が何でも仏道修行へと収斂させる考え方ではない。[8] したがって、「道人」という言い方もそのかぎりで受けとるべきだろう。「ますほの薄」をいぶかしく思った者が、すぐその答えを聞きにいくことも、またすぐれて「道人」なのである。今ここでやること自体が目的になる「つれづれ」の「道人」である。[9]

ということであれば、「万事に換へずしては、一の大事成るべからず」「たゞ今の一念、空しく過ぐる事を惜しむべし」といった、きびしいトーンの主張も、かならずしも仏道修行に限定されるものではなく、ましてや、『一言芳談』の僧たちの考え方と同じものとは言えないだろう。

5 『徒然草』における魂・霊

確認をしておこう。

以上のように見てくれば、「大事」「一の大事」にただちに立ち向かえというあり方と、さきに見た「つれづれ」というあり方と、基本的に齟齬があるわけではない。いずれにしても、「死は前よりしも来らず、かねて後に迫れり」という深い無常観・死生観においての説き方の力点の違いであって、明日死ぬかもしれないという、またしかし、今なお生きているという、その暫くの「我等が生ける今日の日」をそれとして受けとめ、それを生き、楽しもうという態度である。「止まん人は止み、修せん人は修せよとなり」もまた、「つれづれ」ということである。

ただ、はっきりしているのは、その「つれづれ」には、『一言芳談』の僧たちのように、ひたすらに後世・来世を眼差す視線がないということである。「内に思慮なく、外に世事なくして」までは共有するが、そのさきに死後世界を願ってはいない。せいぜい、「後の世の事、心に忘れず、仏の道疎(うと)からぬ、心にくし」(四段)といったところでしかない。

また、後世への願いがないということと関わるが、『徒然草』には、後世にまで続き残る主体を魂という言葉で捉え、死、ないし死後に対処しようとする姿勢がほとんど見られない。魂という言葉は、全編で、一度しか使われていない。

亡き人のくる夜とて魂(たま)祭るわざは、このごろ都にはなきを、東のかたには、なほする事にてありしこそ、あはれなりしか。(一九段)

――亡くなった人の来る夜だと、魂を祭る行事は、もう都ではなくなってしまったが、東国ではいまだ行うことがあるというのはあわれ深いことだ。

兼好にかぎらず、鎌倉から室町にかけての都会人の心のありようが垣間見られるようで興味深いが、ともあれ兼好は、逃れようもない無常観をいだきながら、あるいは、かくも深くいだいたがゆえにか、そこに後世も魂も呼び起こさない仕方で対処しようとしていたということである。

さきにも述べたように、個としての「みずから」に関わる「たましい（魂）」とは、何ほどかは「たま（球）」へと凝固する傾向をもっているが、兼好の「つれづれ」とは、むしろ、今ここにある「みずから」の凝固をいわば寛げ、より「おのずから」（無常・自然）の方に解き放とうとする営みということができるように思う。

唐木順三『無常』は、さきにも引いた七五段をふまえて、「心を安くしておくこと、「さながら心」の状態にしておくことが、兼好ののぞむことであり、それがやがて「つれづれ」といはれる状態であつた」と述べている。[10]「さながら心」とは、「世に従へば、心、外の塵に奪はれて惑ひやすく、人に交はれば、言葉よその聞きに随ひて、さながら心にあらず」の「さながら心（さながらに動く心）」である。

そして唐木は、さらに、その「さながら心」を、「私意、私心が働かなくなつたとき、「さながら」がさながらに動きだす、率爾にいへば「自然法爾」である。「物皆自得」である」と展開するが、そこまで徹していたかは保留するにしても、そうした、「みずから」を「おのずから」の方へと解放・随順させようとしていたということはできるだろう。

ちなみに、『徒然草』には、霊という言葉も一度だけ、しかし意外に重要な意味を込めて使われている。

人は天地の霊なり。天地は限る所なし。人の性、何ぞ異ならん。寛大にして極まらざる時は、喜怒これに障（さわ）らずして、物のために煩（わずら）はず。（二一一段）

――人は天地の霊である。天地にはかぎりがない。人の性も、どうして天地のそれと異なろうか。寛大できわまりない時は、喜びも怒りも人の心を乱さず、他人のために煩わされることがない。

「たま」として主体化しやすい魂に比して、霊は、「限る所な」く、「寛大にして極まらざる時は、喜怒これに障らずして、物のために煩は」されることがない。まさにそれは、「つれづれ」の目指した境地でもあろう。

「死は前よりしも来らず、かねて後に迫れり」という無常観において、後世・彼岸でなく、「我等が生ける今日の日」を「ありがたき不思議」のその日として生ききろうとした精神のあり方である。

唐木は、「さながら心」を「柔軟心」とも言い換えているが、それは道元から借りてきた言葉だという。道元もまた、きびしい無常観をふまえながら、後世を願うのではなく、而今（今ここ）を自在に生きることを説いていた。道元にもまた、凝固する魂への発想は見受けられない。

註記

Ⅰ

(1) 統計数理研究所(大学共同利用機関法人情報・システム研究機構 https://www.ism.ac.jp/kokuminsei/table/data/html/ss3/3_5/3_5_all.htm 二〇一三)

(2) 古井由吉『始まりの言葉』(岩波書店 二〇〇七)

(3) 古井自身、同著で、「魂という観念なしには、自分を自分として捉えられるものだろうか。いや、生きるの死ぬのとまでは言わなくても、「私」としてぎりぎり筋の通った態度は保てるものか」と述べている。

(4) 河合隼雄『物語と現実』(『河合隼雄著作集第Ⅱ期8』岩波書店 二〇〇三)

(5) 堀一郎「柳田国男と宗教史学」(『聖と俗の葛藤』平凡社 一九九三)

(6) 小林秀雄「感想」(『小林秀雄全作品』別巻1 新潮社 二〇〇五)の冒頭の有名な一節である。

「母が死んだ数日後の在る日、妙な経験をした。……仏に上げる蝋燭(ろうそく)をきらしたのに気附き、買いに出掛けた。……もう夕暮であった。門を出ると、行手に蛍が一匹飛んでいるのを見た。

この辺りには、毎年蛍をよく見掛けるのだが、その年は初めて見る蛍だった。今まで見た事もない様な大ぶりのもので、見事に光っていた。おっかさんは、今は蛍になっている、と私はふと思った。蛍の飛ぶ後を歩きながら、私は、もうその考えから逃れる事が出来なかった。……（こうした経験が――引用者註）日常の実生活に直結しているのは、人生の常態ではないか。何も彼もが、よくよく考えれば不思議なのに、何かを特別に不思議がる理由はないであろう」

（7） 小林秀雄「信ずることと知ること」（『人生について』中公文庫　一九七八）

（8） 柳田国男『妖怪談義』（講談社学術文庫　一九七七）

（9） 南直哉『賭ける仏教』（春秋社　二〇一一）

（10） 魂の有無の問題と経験については、社会学者の見田宗介が、シンポジウム「〈宗教的なるもの〉のゆくえ」（宝積比較宗教文化研究所　二〇〇三）で、廣松渉「物象化的錯視」を援用して、「われわれには、宗教信仰のある人であってもない人であっても、「魂にふれる」としか表現できない経験をすることがある。しかし、だからと言って、魂という実体があるのかどうか、それはわからない。しかし、かならずしもあると決めてしまう必要はないのではないか」（趣意）と述べている（『春秋』二〇〇三年二・三月合併号）。

（11） 佐々木宏幹『現代と仏教』（春秋社　一九九二）に詳しい。

（12） 『世界大百科事典』（平凡社　二〇〇七）

（13） 『大辞泉』（小学館　二〇一二）

（14）柳田国男『先祖の話』（筑摩叢書　一九七五）
（15）平田篤胤『霊の真柱』（岩波文庫　一九九八）。吉田真樹『平田篤胤――霊魂のゆくえ』（講談社学術文庫　二〇一七）に最近の行き届いた考察がある。
（16）墓や仏壇の新設・改廃には、かならず「魂入れ」「魂抜き」の仏教儀式が行われている。なお、お骨については、戦争や震災後の遺骨を相当な熱意で回収しようとする努力には、そこに留まっている魂のようなものが想定されていることが見てとれる。
（17）柳田邦男『「人生の答」の出し方』（新潮社　二〇〇四）
（18）『広辞苑　第六版』（岩波書店　二〇〇八）
（19）『古今和歌集』（『日本古典文学大系』岩波書店　一九五八）
（20）『伊勢物語』（岩波文庫　一九六四）
（21）『後拾遺和歌集』（岩波文庫　一九四〇）
（22）『岩波古語辞典』（岩波書店　一九七四）
（23）『栄花物語』（『新編日本古典文学全集』小学館　一九九五）
（24）『増鏡』（『日本古典文学大系』岩波書店　一九六五）
（25）「吉田松陰書簡」（『吉田松陰全集』第5巻　岩波書店　一九三五）。なお、『留魂録』（同全集第4巻）冒頭には、「身はたとひ武蔵の野辺に朽(くち)ぬとも留置(とどめお)かまし大和魂」という、死を直前にして歌った歌がある。

(26) たとえば、日本語の「自発」という言葉は、ふつうは、「みずから」の意志で進んでという意味で用いられることが多いが、文法用語「自発の助動詞」というときは、「思われる」「感じられる」のように、(「みずから」の意志に関わりなく)「おのずから」起こってしまうという意味で用いられている。ボランティア活動など、まさに「みずから」の自由意志でなされることも、その初発における、そうしなければ、という思いは、「みずから」を超えた「おのずから」の働きに急き立てられている。誠の働きにも同様の思想構造がある。

(27) 折口信夫「原始信仰」(『折口信夫全集』第二十巻　中公文庫　一九八四)

(28) 『万葉集』(『新編日本古典文学全集』小学館　一九九六)

(29) 最近増えてきた樹木葬や、海や山に蒔く散骨葬は、中世以前の墓地発達以前の葬りの発想に近い。

(30) 『赤人集』(『和歌文学大系』明治書院　二〇〇四)

(31) 『堀河院百首和歌』(『和歌文学大系』明治書院　二〇〇二)

(32) 『夫木和歌抄　本文篇』(風間書房　一九六七)

(33) 『志濃夫廼舎歌集』(『和歌文学大系』明治書院　二〇〇七)

(34) 白川静『常用字解　第二版』(平凡社　二〇一二)

(35) 以下、宮沢賢治からの引用は、『宮沢賢治全集』(ちくま文庫　一九八六)

(36) かんがえださなければならないことは

どうしてもかんがえださなければならない
とし子はみんなが死ぬとなづける
そのやり方を通って行き
それからさきどこへ行ったかわからない
それはおれたちの空間の方向ではかられない
感ぜられない方向を感じようとするときは
だれだってみんなぐるぐるする（「青森挽歌」『春と修羅』）

(37) さきごろ流行った「千の風になって」にも、同じような発想を見いだすことができる。

私のお墓の前で／泣かないでください
そこに私はいません／眠ってなんかいません
千の風に／千の風になって／あの大きな空を
吹きわたっています（新井満　訳詞・曲「千の風になって」）

(38) 「抒情歌」（新潮文庫『伊豆の踊子』二〇〇三）

「「抒情歌」は川端康成を論ずる人が再読三読しなければならぬ重要な作品である。……川端氏の切実な童話であり、童話とはまた、最も純粋に語られた告白である」（三島由紀夫　同文庫「解説」）。

(39) 「空に動く灯」（『川端康成全集』第1巻　新潮社　一九八一）。以下、川端康成からの引用は、同全集より。

（40）こうした考えを一歩進めれば、中江兆民のいわゆるナカエニスムの〝無魂論〟とつながってくる。

「世界は無始無終である、すなはち悠久の大有である、また無辺無極である、すなはち博広の大有である、しかしてその本質は若干数の元素であつて、この元素は永久遊離し、抱合し、解散し、また遊離し、抱合し、解散し、かくのごとくして一毫も減ずるなく、増すなく、すなはち不生不滅である、草木人獣皆このものの抱合に生じ、解散に死するのである。……自分の利害とか希望とかに拘牽して、他の動物即ち禽獣虫魚を疎外し軽蔑して、唯だ人と云ふ動物のみを割出しにして考索するが故に、神の存在とか精神の不滅、即ち身死する後猶ほ各自の霊魂を保つを得るとか、此動物に都合の能い論説を並べ立てゝ、非論理極まる、非哲学極まる囈語を発することに成る」（「続一年有半」『明治文学全集　中江兆民集』筑摩書房　一九六七）。

「身死する後猶ほ各自の霊魂を保つを得るとか、此動物に都合の能い論説」を拒絶した、あっさりとした唯物論でありながら、本質の「若干数の元素」を「不増不滅・不生不滅」という悠久・博広につながる変動因として、結果的に「境界線を曖昧に暈すこと」になっており、実質的に川端の議論と近似してくる。

（41）柳田邦男の『「人生の答」の出し方』での魂論の考え方でいえば、「家族や友人たちの心の中で生き続ける」魂は、その「家族や友人たち」自身がいなくなれば、おのずと、「自然界の風景の中にとけこんでいる存在」となっていくということであろう（二二二頁参照）。

(42)「智恵子の半生」（『智恵子抄』新潮文庫　二〇〇三）。能などにも描かれるさまよう亡霊・怨霊とは、この文章の言う「普遍的存在」（前註の「自然界の風景の中にとけこんでいる存在」）たりえなかったものと考えることができるだろう。世阿弥は、後者のような存在になることを「成就」とも「落居」とも言っている（『風姿花伝』岩波文庫　一九五八）。

(43)「花びらは散る　花は散らない」は独立の揮毫でもよく書かれているが、文章としては、この「歎異抄領解」（『金子大栄選集第十五巻』在家仏教協会　一九五六）のこの箇所のみである。

(44)　死者ないし魂というものの捉え方としての「花びらは散る　花は散らない」に関して、あえて私事ながら、あることを記しておきたい。科学思想史が専門の金森修氏とは、東京大学死生学プロジェクトの共同研究者として、北京や台北、ソウルと、何度もシンポジウムや研究会などでご一緒したが、二〇一六年五月に癌のために亡くなった。その金森さんから亡くなるすこし前に、メールがあった。時候の挨拶、病状の経過報告があって、そのあと、こう綴られていた。

恐らくあと三、四ヵ月の命と思います
二〇〇五年から二〇〇七年前後でしたでしょうか、研究会、台湾、韓国といろいろご一緒させて頂き、とても楽しい思い出です

いままで頂いたご厚情、本当に有り難く思いだしております
私は想定していたよりは短めの人生でしたが、後半生はそれなりに充実していました
全体としてはなかなか幸せな人生がおくれたとおもっています
もうこの世でお会いする機会もないでしょう
今後もお体に気を付けて、御自分の大切なお仕事を是非完成させて下さい
全くの私事ですが、一言ご挨拶したくて、こうしてメールを差し上げました
どうぞ、お幸せに
そして、さようなら

金森　修

これを受けて、返事をさしあげた。前半は省いて、途中から。


添付した写真、いい写真です。二人ともじつにいい顔して、ほんとうに楽しかったですね。金森さんがいると、（知的興奮もふくめて）場が一段上のランクにいって楽しめるので、死生学シンポ、多分野ゼミなどで、台湾、韓国、長崎、等々、何度も何度もお誘いしてしまいました。

ほんとうに楽しかったです。掛け値なく。

あらためて御礼申し上げます。

「さようなら」と、こうきちんと言われたのは、あるいははじめてのことかもしれません。ので、すこしとまどっていますが、『なぜ「さようなら」と別れるのか』を書いた著者としても言うべきなんだなと思いました。

さようなら。金森さん。

こちらこそ、ほんとうにありがとうございました。

竹内整一

結局、金森さんはこのメールの二ヶ月後に亡くなっているが、通夜で、金森さんの親しい友人の小松美彦さんから、金森さん、竹内さんとの最後のメールのやりとり、よかったと言ってましたよ、と聞かされて、私もよかったと思った。

その後、『週刊読書人』で、小松さんの、金森さんへの丁寧な弔辞が掲載された。金森さんの人となりや業績、また関係者との交友と、目配りの効いた、また真情あふれるいい弔辞であった。が、最後に来て、こう述べておられた。

金森さん、貴方は死んでしまった。だが、単に死んだのではなく、「死んでいる」、つまり死んだ状態で「いる」のだと私は思っている。だから、私は「さようなら」は言わない。

(「金森修さんを哀悼する」『読書人』二〇一六年六月二四日)

「さようなら」を言うことと言わないこと、これはむろんどっちがいい悪いという問題ではない。小松さんの考え方もよくわかる。しかし、私としては、やはり、何らかの意味での死者と生者との別れという否応ない事態の受けとめとして、「さようなら（ば）」の確認が、必要ではないかと思う（逝かざるをえなかった金森さんもそうしたように）。

金森さんが死者となったことは事実である。「さようなら（ば）」とは、そのことを認めて、あらたに死者として受け取り直すことである。詳細は、拙著『日本人はなぜ「さようなら」と別れるのか』に述べたが、小松さんの言い方では、金森さんは、生者、生きている者との区別がなくなってしまう。それでいいではないか、というのが小松さんの考えのように思うが、それでは、たとえば、本論で扱ってきた宮沢賢治や柳田国男、川端康成らのような、死者や魂への祈りや願いが収まりつかない。

金子大栄の「花びらは散る　花は散らない」を使えば、「さようなら（ば）」とは、「散る花びら」の確認であると同時に、「散らない花」の確認でもある。これも本文で述べたように、問題は、「色即是空　空即是色」の最初の「色」だけでなく、最後の「色」をどう確かめるかということである。「空」（死）を介さなければ、最後の「色」の彩りはそれと知れないのではないか。

（45）　風は、浄土教でも、「至徳の風、静かに衆禍の波転ず」（親鸞「教行信証」）、「自然の徳風、徐（ようや）く起こりて微動す。その風調和にして」、「風その身に触るるに、みな快楽（けらく）を得」（『大無量寿経』）と、浄土世界からの働きの象徴としてしばしば用いられている。むし暑いところに、生きかえるような涼風を「極楽のあまり風」とも（『真宗聖典』法蔵館　一九六〇）。

(46) 鈴木大拙『日本的霊性』（岩波文庫　一九七二）では、「日本的霊性なるものは、極めて具体的で「われ一人」的である」と同時に、それは、「大地に根をもって、大地から出で、また、大地に還る」ものであると説かれている。

(47) 還相と対になる往相（浄土に往くあり方）についてふれておくと、浄土教に「倶会一処」という言葉がある。人は死んだら、倶に一処、ひとつ蓮の花で会うことができるということである。法然も、それをふまえ、「露の身は、ここかしこにて消えぬとも　心は同じ花のうてなぞ」（法然『全訳法然上人勅修御伝』　一九八二）と言っている。法然流の「花びらは散つても花は散らない。形は滅びても人は死なぬ」であるが、親鸞もまた、「かならずかならずひとつところへ参り合ふべく候」（親鸞「御消息拾遺」）といった類いのことを述べている。いずれも、往生して、浄土で出会うという意味であり、二人とも、死にゆく者への言葉として語っている。こうした考え方が、たとえば、「魂のありかを一つに住まん」（近松門左衛門「曾根崎心中」『新編日本古典文学全集』小学館　一九九八）などとも表現されてくるのである。

(48) 金子大栄「人生のゆくえ」（『拾二抄』『金子大栄随想集』雄渾社　一九七二）

(49) 若松英輔『魂にふれる』（トランスビュー　二〇一二）

(50) 磯部忠正『「無常」の構造——幽の世界』（講談社現代新書　一九七六）

（51）志賀直哉「ナイルの水の一滴」（『志賀直哉全集』第一〇巻　岩波書店　一九九九）
「人間が出来て、何千万年になるか知らないが、その間に数えきれない人間が生れ、生き死んで行った。私もその一人として生れ、今生きているのだが、例えていえば悠々流れるナイルの水の一滴のようなもので、その一滴は後にも前にもこの私だけで、何万年溯ってても私はいず、何万年経っても再び生れては来ないのだ。しかもなおその私は依然として大河の水の一滴に過ぎない。それで差支えないのだ」。

（52）「一隅」とは、最澄「一隅を照らす」、道元「一隅の特地」、内村鑑三「一隅に立つ」、等々、われわれの一人ひとりの存在や認識は、ほんの「一隅」のそれではあっても、それは、大いなるものの「一隅」であるという考え方であり、最近では倫理学者の相良亨が注目して論じている。相良はまた、本居宣長の「自然霊妙の神道」や親鸞の「自然法爾」なども援用し、「おのずから」は「元来霊妙性を内包するもの」とも指摘している（「「おのずから」形而上学」『相良亨著作集6』ぺりかん社　一九九五）。なお、註46も参照。

Ⅱ

（1）拙著『「かなしみ」の哲学』
（2）山田太一編『生きるかなしみ』（筑摩書房　一九九一）
（3）西田幾多郎「場所の自己限定としての意識作用」（『西田幾多郎全集』第六巻　岩波書店

一九六五）

（4）国木田独歩は、哲学・思想・宗教は、まずもって、この宇宙・人生に「驚く」ところからはじめなければならないと主張し続けながら、結局「驚く」ことができずにいる。そこに「かなしみ」が大きな意味をもってくることになる。

（5）大庭健ほか編『現代倫理学事典』（弘文堂　二〇〇六）

（6）西田幾多郎「場所的論理と宗教的世界観」（『西田幾多郎哲学論集Ⅲ』岩波文庫　一九八九）

（7）同「『国文学史講話』の序」（『思索と体験』岩波文庫　一九八〇）

（8）『新字源』（角川書店　一九六八）

（9）「いたみ」において死者を現す、このような「いたむ」という営みは、そのまま「とむらう」という営みにつながる。「とむらう」とは、「訪う」ことであり、死者を訪れて、死者の思いを問い尋ねるということである（拙著『やまと言葉で哲学する』参照）。

（10）Ｉ章二七頁でも見たように、ここでも誠と霊的生命の働きが重ねて受けとめられている。西田は、「相見て相言う能（あたわ）ざる所に存する」という個人の深奥の至誠の働きは、「言語はおろか、涙にも現すことのできない深き同情の流」として「心の底から底へと通うていたのである」と述べている。個と個、個と共同体・普遍へと「心の底から底へと通うてい」くものとしての霊的生命の働きである。

(11) 加藤克巳「万象ゆれて」(『加藤克巳全歌集』沖積舎　一九八五)
(12) 岡野弘彦『滄浪歌』(角川書店　一九七二)
(13) 小此木啓吾『対象喪失──悲しむということ』(中公新書　一九七九)
(14) 大野晋『日本語の年輪』(新潮文庫　一九六六)
(15) 『日本国語大辞典』(小学館　二〇〇三)
(16) 『漢字源』(学習研究社　二〇〇七)
(17) 国木田独歩「忘れえぬ人々」(『国木田独歩全集』第2巻　学習研究社　一九七八)。以下、独歩からの引用は、同全集に拠る。
(18) 綱島梁川「心響録」(『梁川全集』第5巻　春秋社　一九二二)
(19) 「松風」(『日本古典文学全集　謡曲集(1)』小学館　一九七三)
(20) 「隅田川」(前註19参照)

Ⅲ

(1) 国木田独歩からの引用は、学習研究社『国木田独歩全集』(一九七八)によった。
(2) 『欺かざるの記』は、明治二六年より三〇年までの五年間の、出版を前提に書かれた浩瀚な思想日記であり、独歩の思想・文学を論ずる際の基礎文献である。
(3) ゆめとみるみるはかなくも／なお驚かぬこの心

吹けや北風このゆめを／うてやいかづちこの心
をののき立ちてあめつちの／くすしき様をそのままに
驚きさめて見む時よ／その時あれともがくなり（「驚異」）
（4）「喫驚（びっくり）したいというのが僕の願なんです。……宇宙の不思議を知りたいという願ではない、不思議なる宇宙を驚きたいという願です！　……死の秘密を知りたいという願ではない、死ちょう事実に驚きたいという願です！」（「牛肉と馬鈴薯」）
（5）植村正久「真理一班」（『植村正久著作集』第4巻　新教出版社　一九六七）。以下、断りのない場合は、植村からの引用は同全集に拠った。
（6）「一個独立の霊」「独立自信する霊魂（ソール）」とは、たとえば、「余は余なり。余に取りて余程大なる者あるか余は余の全体に非ずや、宇宙間余に取りては只（た）だ一個の余なり、余は自ら如何なる場処如何なる時にも二個の余を見出す能はざる也、此の余は則ち余全体なり」（二八・八・二八）というように、この天地宇宙に唯一無二なる、それ自体一つの完結した独立存在としての自覚が目指されるものでもあった。
（7）独歩は、二〇代前半、山口で松陰の松下村塾に倣い、波野英学塾を開設し、伝記「吉田松陰文」などを書いている。
（8）相良亨「誠実と日本人」（『相良亨著作集5』ぺりかん社　一九九二）
（9）こうした主観の純粋性や全力性への願いは、それを確かめ、深めうる他者との交渉の場や、儀礼・修行・制度など何らかの方法的手立てがないと持続させることがむずかしいが、独歩にはそうしたものへの自覚的なアプローチはない。

(10) 植村正久「教会時代の独歩」(中島健蔵編『近代文学鑑賞講座7 国木田独歩』角川書店 一九六三)

(11) さきにも引いたように、植村は、「死は万事の終結と見做(みな)すべきや。否々死は人生の一段落のみ。決して全局を結ぶものにあらず。その佳境は遠く死後に在りとす。これ霊性の無究なるべき一証にあらずや」と語ってもいた(『真理一班』)。死の五、六日前の、「疾病は彼岸に到達する階段のみ、順序のみ。又吾が生の一有事たり」とは、明らかに、そうした考えを受けたものではあろう。

Ⅳ

(1) 正宗白鳥からの引用は、福武書店版『正宗白鳥全集』に拠った。

(2) 三好十郎『恐怖の季節』(作品社、一九五〇、『戦後日本思想大系3ニヒリズム』筑摩書房 一九六八に再録)

(3) 舟橋聖一「イエスマンと白鳥」(『風景』一九六三・一)

(4) 安岡章太郎「アーメンの感覚」(『正宗白鳥全集』付録第9号、新潮社 一九六七)

(5) 山室静「正宗白鳥の死をめぐって」(『文学界』一九六三・一)

（6）小林秀雄「作家の顔」（『読売新聞』一九三六・一）

（7）小林秀雄「思想と実生活」（『文藝春秋』一九三六・四）

（8）小林秀雄「文学者の思想と実生活」（『文藝春秋』一九三六・六）

（9）「正宗氏の精神は正しく生れながらの散文精神である。氏は深刻な雑文家である」と評した小林秀雄は、「思想と実生活」論争後の白鳥との対談では、「何にも、つまらんつまらん、人生はツマラン、といふのが理想なんですからね。倒錯してるんですよ、倒錯的理想主義者だ、あなたは」（「大作家論」『文芸』一九四八・三）と述べている。

（10）前註9の対談において、小林は論争をふりかえって、「僕は今にしてあの時の論戦の意味がよくわかるんですよ。といふのは、あの時のあなたのおつしやつた実生活といふものは、ひとつの言葉、ひとつの思想なんですな。あなたに非常に大切な……。僕はトルストイの晩年を書ければ書いてみたいと思つてゐるのですけど、書けば、きつと九尾の狐と殺生石を書くでせうよ。思想なんて書きませんよ」と述べている。

（「九尾の狐と殺生石」とは、論争中に白鳥が、玉藻御前が安倍晴明の鏡に照らされ九尾の狐の姿を現して、那須で殺生石になったという物語をふまえ、「この玉藻御前の物語に含蓄ある人生の象徴が見られるのである。……卜翁の荘厳な抽象的思想も、『日記』に照らしてみると、殺生石のやうな匂ひがする」（「思想と実生活」）と述べていたもの）。

（11）白鳥には、一方で、「他の誰でもない、自分の自分がかうして生きつゞけてゐる事を直視しながら、不思議を感じ、自分が死んだら、その瞬間から宇宙も消滅する事を想像したりする」(「現代つれづれ草」)といったニヒリズムが底流している。他の何ものにも替えがたい、その「自分の自分」が、自分を超え自分を位置づけてくれる何ものを持ちえなくなったとき、「人間は死んだら、それっきり」では「つまらない」のである。木村敏の卓抜な言い方を借りれば、「みずからを凝固させることなしには安心して生き延びることのできない人間の生、そこにすべてのニヒリズムの根源がある」(木村敏『偶然性の精神病理』岩波現代文庫 二〇〇〇)ということでもあろう。

(12) 植村環「横目で見続けた人生と文学・明治の文人・白鳥の死とその意味」(『週間朝日』一九六二・一一)

(13) 正宗つね「病床日誌」(『文芸』一九六三・一)

(14) 深沢七郎「白鳥の死」(『新潮』一九六三・一)

(15) 後藤亮『正宗白鳥 文学と生涯』(思潮社 一九六六)

(16) 「今日を生きてゐると、明日は、もう一つの光がさすんぢやないか」とは、聖書「マタイ福音書」の「明日の事を思い煩(わずら)うなかれ。一日の苦労は一日にて足れり」をふまえたものである。白鳥は、晩年この言葉をくりかえし使っていたが、それは、「明日の煩ひは明日の事とあきらめて、一日の苦労を一日にて足れりとするより外、為方(しかた)がないやうにも思はれさうだ。如何に生くべきかの態度をこの言葉によって極めるのもい、かも知れぬ」(「内村鑑三」)という意味合いにおいて、である。「あきらめ」とは、本来、「明らめの転、真理」（『大言海』）の意であるが、ここでの（また通常われわれの使う）「あきらめ」はそうではない。「しかたがない」と断念するというところでの「あきらめ」である。しかしそれもまた、「真理」の「明らめ」はできないという「明らめ」（「平凡な真理」）ではある。それは、みずからを「凡人」と認めたときにはじめて可能になる。それは、ある種の自己否定・限定であり、「些かの嘘なき大往生の形を示さん」とした独歩の自恃とは、明らかに異なる姿勢であろう。こうしたあり方に、人智では知りえない死をおしはかる「さかしら」を捨てて、これまで定められてきたままにその〈死〉を死のうとした本居宣長や、「凡夫」たる自己の一切のはからいを捨てて、阿弥陀の不可思議な働きに身を預けようとした親鸞らのあり方と共通のものを見出すことができるだろう。拙著『「おのずから」と「みずから」』参照。

(17)「宗教上の信仰と云ふも、亦た空想を確立するの外はない」（「精神講話」）という清沢満之は、「空想」といえども、自分自身にもいかんともしがたい「人心の至奥に出づる至盛の要求」（「御進講覚書」）によってもたらされたものであり、それはすでに己れの恣意を超えた〈他〉の働きの賜物と理解している（「精神講話」「御進講覚書」（『清沢満之全集』第一巻　岩波書店　二〇〇二）。

また、湯浅泰雄『東洋文化の深層』（名著刊行会　一九八二）は、われわれの通常の自我意識や知性の「根底にはたらいている情動や本能的要求」について次のように述べている。

――「われわれの知性が死後の生を信じ得ないとしても、われわれが、知の存在を支えている自己の生の内部に死後の生を欲する本能的欲求が潜在していることを認めるときに、知そのもののあり方が変容し得る可能性をもつということは認めなくてはならないだろう。それは知性の敗北であろうか。私の考えるところでは、知はみずからの敗北を先取りし、生の本質を見るに当たって知性が最高の権威ではないという事実を自認するとき、知は単なる意識の表層的機能であることをやめて、内なる無意識の情動と本能の底にある影の領域を見透す新しい形の知へ変容する端緒を得るのではないかと思われる」。

白鳥の語るこの夢とは、まさにこの意味での「新しい形の知」ともいうべきものであろう。まさに、思想と無思想の「あわい」の表現である。

V

(1) 神官の家に生まれた卜部兼好が、宮中に出入りして左兵衛佐(さひょうえのすけ)まで至ったが、のち、出家して、『徒然草』を書いたというのが、これまでなかば定説化された兼好像である。が、小川(おがわ)剛生(たけお)『兼好法師』(中公新書 二〇一七)は、新たに古文書などの研究から、そうした像は、唯一神道を唱えた吉田兼倶(かねとも)の後からの捏造であり、実際は、六波羅探題(ろくはらたんだい)、検非違使庁(けびいしちょう)あたりの業務にあたっていた侍出身で、のち、出家・隠遁して『徒然草』を書いたのではないか、と新しい兼好像を提出している。都市に住んで十分な経済的基礎を持った隠遁者像も新しく、本論で見る出家・隠遁の微妙な位置づけにも大いに参考になった。

（2）『徒然草』からの引用は、基本的に、島内裕子校訂『徒然草』（ちくま学芸文庫　二〇一〇）に拠ったが、適宜表記を改めたところがある。

（3）小林秀雄『無常ということ』（角川文庫　一九五四）

（4）前掲註2参照（小川剛生『兼好法師』）

（5）たとえば、「造作（ぞうさく）は用なき所を作りたる、見るも面白く、万（よろず）の用にも立ちてよし（家の造作は、無用な所を作っておくと、見た目にも面白く、いろいろな用にも立ってよい）」（五五段）、「し残したるを、さてうち置きたるは、面白く、生き延（の）ぶるわざなり」（八二段）といった家屋・調度など生活圏での、未完・余白の「面白さ」の発見など。

（6）『学研全訳古語辞典』（学研教育出版　二〇一四）

（7）現行解釈の多くは、仏語「止悪修善」を念頭に、「悪事を止めようとする人は止め、善事を実行しようとする人は実行せよ」の意味で取っているが、「止悪修善」は一つの事柄の裏表に過ぎず、「つれづれ」であることの自由の選択がない。上田三四二（みよじ）『徒然草を読む』（講談社学芸文庫　一九八六）は、これを「それで満足する人は満足するがよく、なおいっそう修行に向かおうとする人はそうするのがよいのだ」と解し、「兼好はほとんどこの「止まん人は止み」の境涯にとどまった遁世者だと考える」としている。この解釈に与したい。

（8）註5もふくめ、『徒然草』には、「万の事、先のつまりたるは、破れに近き道なり」（八三段)、「往生は、一定と思へば一定、不定と思へば不定なりと言はれけり。これも尊し」(三九段)とか、あるいは、「その教へ始め候ひける、第一の仏は、如何なる仏にか候ひけると云ふ時、父、空よりや降りけん。土よりや湧きけんと言ひて笑ふ」(二四三段)といった究極を保留し、未決・未完の態度を肯う傾向がある。

(9) 芋頭(いもがしら)だけを好んで食べ、食事も食べたいときには一人で食べ、起きたいときに起きて好きなことをして過ごした盛親(じょうしん)僧都が、「ありがたき道心者」とされている(六〇段)。それは、まさに「つれづれ」の「道人」の代表であろう。

(10) 唐木順三『無常』(筑摩書房 一九六五)

参考文献（註で取りあげた以外のもの）

磯部忠正『日本人の信仰心』（講談社現代新書　一九八三）
西平直『魂のアイデンティティ』（金子書房　一九九八）
堀江宗正『スピリチュアリティのゆくえ（シリーズ若者の気分）』（岩波書店　二〇一一）
酒井健『魂の思想史』（筑摩選書　二〇一三）
若松英輔『霊性の哲学』（角川選書　二〇一五）
鵜飼秀徳『「霊魂」を探して』（KADOKAWA　二〇一八）
川村邦光『弔いの文化史』（中公新書　二〇一五）
正木晃『いま知っておきたい霊魂のこと』（NHK出版　二〇一三）
鎌田東二『日本人は死んだらどこに行くのか』（PHP新書　二〇一七）
標宮子「〈魂考〉その一」（『国文』第95号　お茶の水女子大学国語国文学会　二〇〇一）
佐伯啓思『死と生』（新潮新書　二〇一八）
竹倉史人『輪廻転生』（講談社現代新書　二〇一五）
桜井徳太郎『新編　霊魂観の系譜』（ちくま学芸文庫　二〇一二）
佐藤正英『日本の思想とは何か』（筑摩選書　二〇一四）

渡部昇一『魂は、あるか？』（扶桑社新書　二〇一七）
佐藤弘夫『死者のゆくえ』（岩田書院　二〇〇八）
芹沢俊介『経験としての死』（雲母書房　二〇〇三）
内田樹・釈徹宗『現代霊性論』（講談社　二〇一〇）
広井良典『死生観を問いなおす』（ちくま新書　二〇〇一）
加藤尚武『死を迎える心構え』（ＰＨＰ研究所　二〇一六）
末木文美士『冥顕の哲学1』（ぷねうま舎　二〇一八）
上田正昭『日本人〝魂〟の起源』（情報センター出版局　二〇〇八）
山折哲雄『日本人の霊魂観』（河出書房新社　一九七六）
立花隆『死はこわくない』（文藝春秋　二〇一五）
島薗進『日本人の死生観を読む』（朝日新聞出版　二〇一二）
島田裕巳『人は死んだらどこへ行くのか』（青春出版社　二〇一七）
新井満『死んだら風に生まれかわる』（朝日文庫　二〇〇九）
加藤周一ほか『日本人の死生観』上・下（岩波新書　一九七七）
吉本隆明ほか『人間と死』（春秋社　一九八八）
相良亨「日本人の死生観」（『相良亨著作集4』ぺりかん社　一九九四）
羽鳥徹哉『作家川端の展開』（教育出版センター　一九九三）

古東哲明『瞬間を生きる哲学』(筑摩選書　二〇一一)
行安茂ほか編『綱島梁川の生涯と思想』(早稲田大学出版部　一九八一)
上田閑照『西田幾多郎――人間の生涯ということ』(岩波新書　一九九五)
竹村牧男『西田幾多郎と仏教』(大東出版社　二〇〇二)
藤田正勝『西田幾多郎の思索世界』(岩波書店　二〇一一)
佐伯啓思『西田幾多郎――無私の思想と日本人』(新潮新書　二〇一四)
田中久文『日本の哲学をよむ――「無」の思想の系譜』(ちくま学芸文庫　二〇一五)
清水博『〈いのち〉の自己組織』(東京大学出版会　二〇一六)
福岡伸一ほか『福岡伸一、西田哲学を読む――生命をめぐる思索の旅』(明石書店　二〇一七)
松岡正剛『日本という方法』(NHKブックス　二〇〇六)
黒岩比佐子『編集者国木田独歩の時代』(角川選書　二〇〇七)
中島礼子『国木田独歩の研究』(おうふう　二〇〇九)
小野末夫『『国木田独歩』研究』(牧野出版　二〇〇〇)
鈴木秀子『国木田独歩論――独歩における文学者の誕生』(春秋社　一九九九)
滝藤満義『国木田独歩論』(塙書房　一九八六)
山田博光『国木田独歩論考』(創世記　一九七八)
唐木順三「近代日本文学の展開」(『唐木順三全集』第一巻　筑摩書房　一九六七)

鵜沼裕子『近代日本キリスト者との対話』（聖学院大学出版会　二〇一七）
大嶋仁『正宗白鳥――何云つてやがるんだ』（ミネルヴァ日本評伝選　二〇〇四）
山本健吉『正宗白鳥――その底にあるもの』（講談社文芸文庫　二〇一一）
高橋英夫『異郷に死す――正宗白鳥論』（福武書店　一九八六）
佐々木徹『正宗白鳥』（清水書院　一九九五）
小林秀雄「正宗白鳥の作について」（『小林秀雄全作品』別巻2　新潮社　二〇〇五）
松本鶴雄『ふるさと幻想の彼方――白鳥の世界』（勉誠社　一九九六）
武田友寿『「冬」の黙示録――正宗白鳥の肖像』（日本ＹＭＣＡ同盟出版部　一九八四）
大岩鉱『正宗白鳥論』（五月書房　一九七一）
田辺明雄『評伝　正宗白鳥』（學藝書林　一九七七）
佐藤正英「無常の文学」（『日本における生と死の思想』有斐閣　一九七七）
菅野也寸志「徒然草の思想」（『日本思想史叙説』ぺりかん社　一九八二）
大野順一『死生観の誕生』（福武書店　一九八三）
安良岡康作『徒然草全注釈』（角川書店　一九六七）
三木紀人『全訳注　徒然草』全四冊（講談社学術文庫　一九七九～八二）
久保田淳『徒然草』（岩波新日本古典文学大系　一九八九）
小川剛生『新版　徒然草』（角川ソフィア文庫　二〇一五）

竹内整一『自己超越の思想』（ぺりかん社　一九八八）
同『日本人はなぜ「さようなら」と別れるのか』（ちくま新書　二〇〇九）
同『「かなしみ」の哲学』（NHKブックス　二〇〇九）
同『「おのずから」と「みずから」増補版』（春秋社　二〇一〇）
同『花びらは散る　花は散らない』（角川選書　二〇一一）
同『やまと言葉で哲学する』（春秋社　二〇一二）
同『やまと言葉で〈日本〉を思想する』（春秋社　二〇一五）
同『ありてなければ』（角川ソフィア文庫　二〇一五）
同『「やさしさ」と日本人』（ちくま学芸文庫　二〇一六）
同『日本思想の言葉』（角川選書　二〇一六）
同編著『無根拠の時代』（大明堂　一九九六）
竹内整一・島薗進編著『死生学1　死生学とは何か』（東京大学出版会　二〇〇八）
竹内整一・金泰昌編著『「おのずから」と「みずから」のあわい』（東京大学出版会　二〇一〇）

あとがき

本文でもふれましたが、この本を書こうと思ったのは、一〇年ほど前に偶然に、川端康成「抒情歌」の次のような文章に出会ったことがきっかけでした。

魂という言葉は天地万物を流れる力の一つの形容詞に過ぎないのではありますまいか。

「抒情歌」は、「川端康成を論ずる人が再読三読しなければならぬ重要な作品」（三島由紀夫）です。恋人に死なれた女性が、「あまりに人間臭い愛欲の悲しみの果て」に書きつけたという、この手記スタイルの短編からは、川端のすこし不思議な、しかし切実な霊魂観・死生観を読みとることができます。

そこで主人公は、「魂という言葉」は、「天地万物を流れる力」の、その「一つ」の、しかも「形容詞に過ぎないのではありますまいか」と問うているわけです。

むろん一方では、主人公は、なお「どこにいらっしゃるか知れない死人のあなたのところへ通ってゆ」きたいという切ない願いをいだいています。つまり、ここでの魂とは、「天地万物を流れる力の一つの形容詞に過ぎない」ものと、かけがえのない「あなた」であるものとの、両様のあり方をふくむものとして描かれているわけです。

本書の主題の一つは、魂の、こうした二つに分かれた（ように見える）あり方を考えることを中心に、日本人の霊魂観・死生観を再考することでした。

もう一つ、主題がありました。無常観の再考です。

これも本文でふれましたが、総論のI章もふくめ、西田幾多郎、国木田独歩、正宗白鳥、『徒然草』には、それぞれ、「哲学の動機は人生の深い悲哀でなければならない」、「要するに悉、逝けるなり！」、「すべてつまらん」、「死は前よりしも来らず、かねて後に迫れり」といった、ある無常観のようなものを根本に死と生とが問われていました。

寺田寅彦も言うように、われわれには、「天然の無常は遠い遠い祖先からの遺伝的記憶となって五臓六腑にしみ渡っている」（「日本人の自然観」）のであって、その最深部の記憶が、死という事態に際して、とくに問われていたということだろうと思います。

こうした無常観と、さきの霊魂観とを合わせて、あらためて日本人の死生観を問うてみたいと思うようになり、五年ほど前から書き始めましたが、うまく進みませんでした。死や死後の問題を、学問としてどこまで言えるか、言えるところまで追いかけようと思ってやってきたら、いつの間にか、五年がたっていたというのが正直な感想です。

本論は、現時点での、私が考え、問い、学んだことの暫定的なまとめです。死や死後の問題は、誰であれ、それぞれが思い描いたイメージの〈死〉を死んでいかざるをえません。それが、暫定であろうと、なかろうと。

本書はすべて書き下ろしですが、まとめるにあたっては、春秋社編集部の佐藤清靖さんの強いお奨めがなければできませんでした。佐藤さんにお世話になるのはこれで四冊目です。前著三冊のときと同じように、内容や構成、表記等々、全般にわたっていろいろとご教示いただき、こうした本にまとめることができました。あらためて記して謝意を表します。

令和元年　秋涼

竹内整一

著者略歴

竹内　整一（たけうち　せいいち）

1946年、長野県に生まれる。東京大学文学部倫理学科卒業。専修大学、東京大学教授などをへて、現在、鎌倉女子大学教授、東京大学名誉教授。

著書に、『自己超越の思想』（ぺりかん社）、『「おのずから」と「みずから」』（春秋社）、『「やさしさ」と日本人』（ちくま学芸文庫）、『ありてなければ』（角川ソフィア文庫）、『「かなしみ」の哲学』（NHK ブックス）、『花びらは散る　花は散らない』（角川選書）、『やまと言葉で哲学する』（春秋社）、『やまと言葉で〈日本〉を思想する』（春秋社）など。

魂と無常

二〇一九年十二月二〇日　第一刷発行

著　者　竹内整一

発行者　神田　明

発行所　株式会社　春秋社

東京都千代田区外神田二―一八―六（〒一〇一―〇〇二一）

電話〇三―三二五五―九六一一　振替〇〇一八〇―六―二四八六一

http://www.shunjusha.co.jp/

印刷所　株式会社　太平印刷社

製本所　ナショナル製本協同組合

装　丁　伊藤滋章

定価はカバー等に表示してあります

ISBN978-4-393-31304-6

◆竹内整一の本

やまと言葉で哲学する
「おのずから」と「みずから」のあわいで

「さようなら」「おもしろい」「なつかしい」「はかない」「あそぶ」「いたむ・とむらう」など、さまざまなやまと言葉の考察を通し、日本人の心のありかを問う刮目の書。

二〇〇〇円

やまと言葉で〈日本〉を思想する

「おのずから」と「みずから」と「あわい」という斬新な視点から、やまと言葉への深い思索を通して日本語の哲学の可能性を問う。日本人の思想と感情を考究する画期的論考。

二〇〇〇円

▼価格は税別